A SHORT
HISTORY OF
ANCIENT
GREECE

众邦的狂欢

公元前800~前146年的
爱琴海与希腊世界

（英）P. J. 罗兹 —— 著

罗天 严锦文 —— 译

化学工业出版社

·北京·

A Short History of Ancient Greece

ISBN 978–1–78076–594–5

Copyright © 2014 P. J. Rhodes

Published in 2014 by I.B.Tauris & Co Ltd.

Published by arrangement with I.B.Tauris & Co Ltd, London.

北京市版权局著作权合同登记号：01-2022-0435

图书在版编目（CIP）数据

　　众邦的狂欢：公元前800～前146年的爱琴海与希腊世界/（英）P. J. 罗兹（P. J. Rhodes）著；罗天，严锦文译. —北京：化学工业出版社，2023.6
　　书名原文：A Short History of Ancient Greece
　　ISBN 978–7–122–43156–1

　　Ⅰ.①众… Ⅱ.①P… ②罗… ③严… Ⅲ.①古希腊-历史-研究 Ⅳ.①K125

中国国家版本馆CIP数据核字（2023）第048059号

责任编辑：王冬军　葛亚丽　　　　　　装帧设计：水玉银文化
责任校对：边　涛　　　　　　　　　　版权引进：金美英

出版发行：化学工业出版社（北京市东城区青年湖南街13号　邮政编码100011）
印　　装：盛大（天津）印刷有限公司
880mm×1230mm　1/32　印张 8　字数 160千字
2023年6月北京第1版第1次印刷

购书咨询：010-64518888　　　　　　　售后服务：010-64518899
网　　址：http://www.cip.com.cn
凡购买本书，如有缺损质量问题，本社销售中心负责调换。

定　价：69.80元　　　　　　　　　　版权所有　违者必究

大事年表

公元前 776/5 年	奥林匹亚：传统意义上奥运会的创始年份
公元前 735～前 715 年	斯巴达第一次美塞尼亚战争
公元前 7 世纪初（？）	斯巴达莱库古改革
公元前 668（？）年	阿尔戈斯：斐冬僭主
公元前 657～前 583 年	科林斯：塞普瑟鲁斯僭主
公元前 7 世纪 30 或 20 年代	雅典：库伦谋取僭主之位
公元前 621/0 年	雅典：德拉古立法
公元前 594/3 年	雅典：梭伦担任执政官，立法
公元前 582/1 年	德尔斐：皮提亚运动会开始定期举行
公元前 561/0 年	雅典：庇西特拉图第一次政变
公元前 559～前 530 年	波斯：居鲁士二世统治
公元前 556 年	雅典：庇西特拉图第二次政变
公元前 546 年	吕底亚：波斯推翻克诺索斯
公元前 546/5 年	雅典：庇西特拉图第三次政变
公元前 530～前 522 年	波斯：冈比西斯统治
公元前 525 年	埃及：波斯征服埃及
公元前 522～前 486 年	波斯：大流士一世统治
公元前 514/3 年	雅典：希帕尔库斯遇刺
公元前 511/0 年	雅典：驱逐希庇阿斯
公元前 498～前 493 年	小亚细亚：爱奥尼亚起义
公元前 491/0 年	盖拉：革隆成为僭主
公元前 490 年	第一次希波战争；马拉松战役
公元前 488/7 年	雅典：陶片放逐法首次实施（卡尔姆斯之子希帕尔库斯）
公元前 486～前 465 年	波斯：薛西斯统治
公元前 485/4 年	叙拉古：盖拉的革隆统治
公元前 480～前 479 年	第二次希波战争
公元前 480 年	温泉关战役、阿提米西恩战役、萨拉米斯战役
公元前 479 年	普拉提亚战役、米克利战役

公元前 480 年	迦太基人干预西西里岛，在希梅拉战败
公元前 480 年	斯巴达：鲍桑尼亚在爱琴海，列奥提西达斯在色萨利
公元前 478/7 年	雅典：创建提洛同盟
公元前 466/5 年	叙拉古：结束僭主政治
公元前 465 ~ 前 424/3 年	波斯：阿尔塔薛西斯一世统治
公元前 465/4 ~ 前 463/2 年	提洛同盟：萨索斯起义
公元前 465/4 ~ 前 456/5 年	斯巴达：第三次美塞尼亚战争
公元前 462/1 年	雅典：埃菲阿尔特改革
公元前 460 ~ 前 446 年	第一次伯罗奔尼撒战争
公元前 460 ~ 前 454 年	提洛同盟：埃及起义
公元前 454 年	提洛同盟：金库从提洛岛迁至雅典
公元前 446/5 年	雅典与斯巴达签订《30 年休战协定》
公元前 444/3（?）年	图里在意大利重建，成为锡巴里斯的继承者
公元前 443 年	雅典：迈勒西阿斯之子修昔底德被驱逐
公元前 440 ~ 前 439 年	雅典：与萨摩斯交战
公元前 435 ~ 前 433 年	科林斯与克基拉爆发战争
公元前 432 年	提洛同盟：波提狄亚起义
公元前 431 ~ 前 404 年	伯罗奔尼撒战争
公元前 431 ~ 前 421 年	阿希达穆斯战争
公元前 429 年	雅典：伯里克利离世
公元前 428 ~ 前 427 年	提洛同盟：米蒂利尼起义
公元前 425 年	雅典击败皮洛斯
公元前 424/3 年	雅典在德里昂战败
公元前 424/3 ~ 前 405/4 年	波斯：大流士二世统治
公元前 422 年	安菲波利斯战争
公元前 421 年	《尼西阿斯和约》
公元前 418 年	斯巴达在曼提尼亚获胜
公元前 416 ~ 前 415 年	雅典撤出米洛斯
公元前 415 ~ 前 413 年	雅典在西西里作战
公元前 413 年	斯巴达在狄西里亚设防
公元前 412 ~ 前 411 年	斯巴达与波斯签订条约

公元前 411 年	雅典：建立寡头政治
公元前 410 年	雅典在库济库斯取胜
公元前 406 年	雅典在阿吉纽西取胜
公元前 405 年	斯巴达在羊河取胜
公元前 410 年	迦太基人开始插手西西里
公元前 405 ~前 367 年	叙拉古：僭主狄奥尼修斯一世
公元前 405/4 ~前 359/8 年	波斯：阿尔塔薛西斯二世统治
公元前 404 ~前 403 年	雅典：三十人僭主的寡头政治
公元前 395 ~前 386 年	科林斯战争
公元前 387/6 年	《大王和约》，即《安塔西达和约》
公元前 382 ~前 379/8 年	斯巴达占据底比斯
公元前 378/7 年	雅典：创建第二个雅典同盟
公元 371 年	底比斯在留克特拉击败斯巴达
公元 370/69 年	底比斯在伯罗奔尼撒作战，解放美塞尼亚
公元 362 年	曼提尼亚战争
公元前 359 ~前 336 年	马其顿：腓力二世统治
公元前 359/8 ~前 338/7 年	波斯：阿尔塔薛西斯三世统治
公元前 356 ~前 346 年	第三次神圣战争
公元前 346 年	雅典与腓力达成《斐洛克拉底和约》
公元前 344 ~前 337 年	西西里：提摩勒昂抗击僭主和迦太基人
公元前 343 年	雅典：埃斯基涅斯被指控叛国，后无罪释放
公元前 340 ~前 338 年	第四次神圣战争
公元前 338 年	腓力在奇罗尼亚击败雅典和底比斯
公元前 338/7 年	波斯：阿尔塔薛西斯四世统治
公元前 336 ~前 323 年	马其顿：亚历山大三世统治
公元前 336 ~前 330 年	波斯：大流士三世统治
公元前 334 ~前 323 年	亚历山大在亚洲
公元前 334 年	格拉尼卡斯河战役
公元前 333 年	伊苏斯战役
公元前 331 年	高加米拉战役
公元前 326 年	海达斯佩斯河战役
公元前 330 年	雅典：埃斯基涅斯败诉
公元前 323 ~前 322 年	雅典发动对马其顿的拉米亚战争，战败

公元前 321 年	特里帕拉狄索斯会议，亚历山大麾下将领分得领土
公元前 316/5 ~ 前 289/8 年	叙拉古：僭主阿加索克利斯
公元前 311 年	卡山德、利西马科斯、托勒密一世和"独眼龙"安提柯签订协议
公元前 307/6 ~ 前 272 年	伊庇鲁斯：皮洛斯统治
公元前 305 ~ 前 304 年	罗得岛抵抗"围城者"德米特里的包围
公元前 301 年	"独眼龙"安提柯死于伊普苏斯的战争
公元前 283 年	托勒密一世去世
公元前 283 或前 282 年	"围城者"德米特里去世
公元前 281 年	利西马科斯死于库鲁佩迪安的战争
公元前 281 年	塞琉古一世被杀
公元前 281/0 年	亚该亚：亚该亚同盟复兴
公元前 280 ~ 前 277 年	马其顿和希腊：遭遇高卢部落入侵
公元前 277 ~ 前 240/39 年	马其顿：安提柯·哥纳塔斯统治
公元前 274 ~ 前 199 年	塞琉古与托勒密发生一系列叙利亚战争
公元前 271 ~ 前 215 年	叙拉古：亥厄隆二世统治
公元前 269/8 ~ 前 263/2 年	雅典和斯巴达在克里摩尼迪战争中击败马其顿
公元前 263 ~ 前 241 年	佩加蒙：攸美尼斯一世统治
公元前 244 ~ 前 241 年	斯巴达：埃杰斯四世统治
公元前 240/39 ~ 前 229 年	马其顿：德米特里二世统治
公元前 235 ~ 前 222 年	斯巴达：克莱奥美奈斯三世统治
公元前 229 ~ 前 221 年	马其顿：安提柯·多森统治
公元前 229 年	雅典摆脱马其顿，与托勒密结盟
公元前 229 ~ 前 228 年	罗马：第一次伊利里亚战争
公元前 221 ~ 前 179 年	马其顿：腓力五世统治
公元前 221 ~ 前 217 年	希腊：同盟战争，最终签订《纳夫帕克托斯和约》
公元前 219 年	罗马：第二次伊利里亚战争
公元前 214 ~ 前 205 年	罗马：第一次马其顿战争，最终签订《腓尼基和约》
公元前 206 ~ 前 192 年	斯巴达：纳比斯统治
公元前 200 ~ 前 196 年	罗马：第二次马其顿战争
公元前 190 ~ 前 188 年	罗马：在小亚细亚作战，最终签订《阿帕米亚和约》
公元前 179 ~ 前 168 年	马其顿：珀尔修斯统治
公元前 174 ~ 前 142 年	犹地亚：主张传统一派与希腊化一派爆发战争，最

	后成为独立城邦，哈斯蒙尼家族统治
公元前 171～前 167 年	罗马：第三次马其顿战争，最后王国消亡
公元前 150～前 146 年	罗马：第四次马其顿战争，最后马其顿成为罗马行省，亚该亚为其附庸
公元前 133 年	佩加蒙：被阿塔路斯三世遗赠给罗马，成为其亚洲行省
公元前 89～前 63 年	罗马攻打本都的米特拉达梯六世，最后塞琉古王国解体
公元前 30 年	埃及：埃及成为罗马帝国属地后，克利奥帕特拉七世自尽
公元前 27 年	亚该亚成为罗马行省

作 者 序

本书记载了公元前 800 年至前 146 年的希腊世界，其价值不言而喻，其前后历史也在序言和后记中简要提及。一方面篇幅有限，我不得不有所侧重；另一方面有的读者对此知之甚少，我既要激发他们的兴趣，又要让他们读有所获，所以故事必得精彩而不失真。

感谢怀特（A. Wright）先生邀请我写这本书。感谢 S. 英格利希（S. English）博士站在普通读者的角度阅读初稿，帮助完善提高。感谢参与本书出版的相关人士，尤其感谢 A. J. N. W. 普拉格（A. J. N. W. Prag）教授、N. B. 兰科夫（N. B. Rankov）教授以及 P. C. N. 斯图尔特（P. C. N. Stewart）博士的大力帮助。

目　录

导言

导 言

古希腊历史波澜壮阔，引人入胜，它是整个欧洲历史的源头之一，对欧洲及欧洲人来说至关重要。公元前4世纪，由于亚历山大大帝数次铁骑亲征，占领了整个地中海沿岸，使得古希腊语言文化成为地中海东部和近东（古希腊罗马研究者所称）统治阶级的第一语言文化；到了公元后前两个世纪，罗马人吞并了希腊世界，成为地中海沿岸地区的统治者，并接纳了古希腊语言文化。犹太人的居住地被并入希腊罗马先后统治的地域，这使得犹太人不得不四处迁徙。虽然西罗马帝国最后被北方的多个民族推翻并瓜分，如欧洲西南部曾为阿拉伯人占领，后来土耳其人又盘踞在东罗马帝国东南部，这些民族也导致了当今欧洲人混合的血缘；但我们今天熟知的欧洲历史仍主要来自于古希腊、古罗马、犹太教和基督教。

具体来说，现代生活的方方面面都不乏古希腊色彩：政治举措和思想，哲学，采用古希腊题材或者改编自希腊神话的文学，视觉艺术（尤其是雕塑）以及在某个时期古典风格盛行的建筑。欧洲人所使用的词语很多不仅源于希腊，而且体现着古希腊思维方式，诸如历史，民主政治、寡头政治、君主政体，哲学以及哲学分支（政治、伦理、逻辑、形而上学），数学、算术、几何，物理、生物、考古学、人类学，史诗、抒情诗、悲剧、喜剧、修辞学。

意大利半岛把地中海分为东西两半，巴尔干半岛又把地中海东半部再一分为二，半岛南端就是希腊本土。在希腊本土，以一处狭隘地峡为界，西边是科林斯湾，东边为萨罗尼科湾，南边是伯罗奔尼撒，北部属希腊中心和北部地区。在本书所集中讨论的时期，希腊中心地带包括希腊本土、爱琴海及其东部的众多岛屿、形成小亚细亚西海岸线（即今天的土耳其）的爱琴海东部海域。然而从本书第 1 章来看，从公元前 8 世纪起，古希腊逐步从中心地带往外扩张，殖民地横跨整个地中海沿岸（除西半部北非海岸以外）直到黑海海岸；亚历山大大帝征服希腊后，又延伸至近东和中东。

本书将重点讲述希腊中心地带历史，也会提到希腊在其他地区的殖民地，包括希腊人与殖民地外邦的交流。我将在这篇导言里谈谈公元前 20 世纪青铜时代的文明，本书主体部分一开始将讲述在青铜文明衰败之后的"黑暗年代"里希腊的崛起，随后描述希腊在公元前 8 世纪的蓬勃发展，一直到公元 1~2 世纪希腊被罗马吞并。此后数百年间，希腊人的生活并没有发生重大改变（我们将在结尾处简要进行回顾），但是由于罗马帝国不可挑战的优势地位，和之前的数百年相比，希腊的活动空间已大不如前。

希腊中心地带最早的先进文明在公元前 30 世纪开始，尤其在公元前 20 世纪至前 10 世纪得以发扬光大，分别是：希腊本土的迈锡尼文明（位于伯罗奔尼撒半岛东北部，中心城邦之一），爱琴海的基克拉泽斯文明（基克拉泽斯群岛位于爱琴海南部，散布在提洛岛四周），克里特岛的米诺斯文明（名字源于古希腊史书性神话中克里特岛的国王米诺斯）。这些文明都有着精心建造的宫室，既用来控制周围区域的农业生产，同时又是宗教中心。文字被用来记事，虽然克里特铭文还是未解之谜，但迈锡尼文明的 B 类线形文字（Linear B）在 20 世纪 50 年代就被破解了，结果显示迈锡尼文字是古希腊文字的早期形式。公元前 20 世纪至前 10 世纪前半叶，米诺斯文明在希腊本土和基克拉泽斯群岛占主导，而后半叶则是迈锡尼文明纵横克里特岛，跨越基克拉泽斯群岛，甚至延伸到小亚细亚的米利都。

有关这些文明的可靠知识来源于考古发现，有关古希腊远古历史的神话则用想象再现了这段时期：譬如希腊同特洛伊的战争。特洛伊的存在已经得到证实，它就位于小亚细亚西北角。维拉港殖民遗址众多，尽管其中有一处很显然遭到人类活动破坏，这同希腊纪年中战争大致发生的时间（公元前 1180 年）相吻合；然而这些神话故事的真实程度还有待考察，荷马史诗《伊利亚特》和《奥德赛》中的大量背景材料似乎并不属于那段时期，而是在诗歌完成之前不久的公元前 8 世纪。

公元前 13 世纪，希腊和近东地区起义不断，这些文明逐渐分崩离析，迈入了"黑暗时代"，死亡率不断上升，人口也开始外迁。现在来看，这段时期的历史也不像人们以前认为的那么黑暗，因为我们现在对它已经有所了解，而且文明衰微波及的范围也比人们先前认为的要小，程度也较低。此外，考古学家在埃雷特里亚和哈尔基斯之间，埃维亚岛的勒夫坎地发现了大型遗址，其居住时间从铜器时代早期一直延续到公元前 7 世纪左右，该遗址在黑暗时代较为繁荣，同各个地区的联系也比较密切。尽管我们对这一时期的历史仍然知之甚少，但不难发现当时人口不多，生活条件的恶劣程度可谓空前绝后。有考古学者现在称它为早期铁器时代，毋庸置疑，熔铁制器技术在这一时期得到发展，铁大规模替代了青铜（铜锡合金），成为多种用途的金属。然而，古典时期的希腊人并没有意识到黑暗年代的到来，而是想象能够继续前行，从最初的原始时代步入时代高峰。[1]

他们在公元前 10 世纪跌入谷底之后开始复苏，并开始恢复与其他地中海地区重新接触。希腊人落后于本土东部、南部，埃及和近东的居民，各个方面都受到他们影响，西部、北部居民则更加落后。在古典时期，希腊人认为自己的位置很理想，既不过分艰苦也不属于优渥。[2] 除了北部地区，希腊本土岛屿高低起伏，土壤贫瘠，小亚细亚西部多山，只有狭窄的海岸平原。这些聚落大都以农业为主，种植"地中海三宝"——谷物、葡萄和橄榄。最初这些聚落还能大体上自给自足，后来领地不断扩张，以及同其他希腊聚落和地中海殖民地的交往日益频繁，他们开始出口高产、优质、剩余的产品，进口当地稀缺或产量低、质量差的产品，这一方法变得越来越实用。

　　青铜时代的古希腊仿佛某一个巨大的王国，官僚主义和等级制度盛行。黑暗时代，人们小规模聚居，聚落之间不通往来，在公元前 10 世纪，这类聚落主要坐落在北方。城邦具有代表性但还未普及，公元前 4 世纪以前，整个希腊有将近 1000 个城邦（只相对中心地带而言），其中只有 13 处领土面积超过 1000 平方公里（390 平方英里），60% 的还不到 100 平方公里（39 平方英里），相应地，人口数也更少。因此，这个通用术语"城市"（city）很容易让人产生误解。特别是在北部和西部，我们不时会发现某个区域实体个别殖民地与城市相比，面积较小，也不那么独立；但是本书为了方便起见，讲到不同国家时，有时会用"城邦"（cities）替代。

　　强大城邦试图吞并弱小邻邦时，有些成功了；但是因为最弱小的城邦都极力抗拒，想要保有其独立地位，所以地域最广阔的城邦在扩张时不得不想办法保持被征服者的独立性，而不是直接将其兼并。就算事实如后来希腊人所言，一开始这些城邦有国王，他们也只是领导者，而不是像近东那些享有强权的君主。有可靠证据表明，后来，除斯巴达外，[3]集体统治取代了这些国王，领导者短期轮流执政（通常一年为期）。虽然每座城市都有自己的法规和政府组织形式，法律施行中的问题、相应的解决方法和政府基本结构在细节上各有千秋，但它们整体上具有相似性。譬如，他们的历法各不相同（一年都有 12 个太阴月月份，为了不同太阳年不会有太大偏差，某些年份会加上第 13 个月），有各自的度量衡，用同样的单位表示不同价格等。（由于许多城市一年开始于仲夏，本书公元前 594/3 年指公元前 594 年开始至公元前 593 年结束的公历年；为了区分，带下划线的公元前 <u>594</u>/3 年指这一年前期，公元前 594/<u>3</u> 年则是指这一年后期。）

此外，通过贸易和殖民扩张（第 1 章），希腊人同外邦人——他们所谓的"野蛮人"，借以嘲讽他们语言粗俗——交流日益密切，越来越意识到是什么把他们紧密联系在了一起。他们（自认为）"血脉相同"，说同一种语言（或方言），以同样的方式信仰同一位神祇（虽然奥林匹亚、德尔斐等都有祭坛，各地希腊人皆前来朝拜，但神祇在各处称谓不同，祭祀仪式也不一样）。[4]

黑暗年代末期希腊书写文字还没有形成。青铜时代王国的文字，使用字符表示音节，只有专业书吏才能学习，这些文字已经随着王国的没落而失传。公元前 8 世纪上半叶，腓尼基文字发展成字母表，使用了约 24 个字符表示辅音和元音，变得通俗易懂。他们没有货币，即那种通过刻印来保证质量和价值、用来交易的贵金属块。币制引入之前，人们支付时会使用一定重量的贵金属。到了公元前 6 世纪初，小亚细亚西部的吕底亚开始铸造货币（琥珀金，一种银金合金），公元前 6 世纪中叶希腊城邦也开始发行货币（主要是银币）。[5]

A
SHORT HISTORY OF
ANCIENT
GREECE

第一篇

古风时代

（公元前 8 世纪～前 5 世纪）

第 1 章
古风时代的希腊世界

青铜时期的希腊属于史前文明：我们虽然有考古学发现，但除了篆刻在石板上的 B 类线形文字的记录，并没有可靠的文本证据。希腊古风时代的历史记载并不全。首先虽然有考古学做支撑，但物质遗存所揭示的变化和趋势却常常很难和文本记载的事件联系起来；其次，我们还有希腊诗歌（史学家对有些诗歌的主题很感兴趣）、一些同时期的公众和私人文本，由于刻在石头或其他物体上得以流传下来；[1] 但大多数文本证据晚于古风时代，见于公元前 5 世纪及以后的史学著作和其他作品中，这些历史学家尽其所能，有时他们比较成功地在物质遗存、诗歌民谣和口述中保留了文本证据。我们对这一时期的认识各不相同，这些文本有真有假，常常难以定论，而且这些知识也是支离破碎的。有时知道这个地方这个时间的某些信息，那个地方那个时间的某些信息，但是事件之间无法联结起来。（这就如同我对伦敦这座城市零碎的认知，我知道伦敦的几个地点，可以乘地铁从一个地方去另一个地方，但是我既不太明了这中间经过了什么，也不太清楚这些地点是如何关联的。）

确定时间是一大难点。在公元6世纪，我们对希腊公元后的年代有了推断（基准日期存在一定误差），在17世纪才推演出公元前的年代。古希腊城邦各行其法，要么以在任的国王或祭司来纪年，要么以每年执政官的名字来纪年。直到公元5世纪后期才开始有希腊人将这些记录联系起来，理解这背后的含义。[2]古典时代的希腊人对古风时期的人物事件的年代认定常常要早好几代，但不同环境中的人对于一代的时间长度的界定各有不同，从25年至40年不等；而且他们没有认识到黑暗年代的存在，为了填补年代间的空白，才会将人物事件的年代判定得过早。只是在考古学日期和文本日期之间的联系牢固地建立以来，比如公元前5世纪后期雅典卫城的建筑，考古学才得到大致但不是绝对的日期。从公元前6世纪中期往后，我们对日期的判断相对可靠，时间越早，对事件发生年代的认定越不准确。虽然时不时有人提出也广泛存在着大幅度的年代延后，但是并未达成普遍共识，所以本书中采用公认的年份。

本书提到的诗人依次有：公元前7世纪中期的提尔泰奥斯，他推崇斯巴达政体；大概在公元前7世纪后半期，迈加拉的塞奥格尼斯，他哀叹新贵崛起，挑战老牌贵族（有些诗歌署名是他，实际上是后人所写）；公元前600年左右的阿尔凯奥斯，他卷入了莱斯沃斯岛纷争；公元前6世纪初的梭伦，他评价了雅典和他自己领导的改革。

希罗多德是第一位有作品流传下来的严谨的历史学家，是有源可溯最早的伟大的历史学家，他来自小亚细亚的哈利卡那苏斯，写作时间是在公元前 5 世纪的最后 25 年里。作品主题是公元前 5 世纪初的希波战争，完整地讲述了公元前 499～前 479 年的历史，包括许多希腊和邻国早期经历的奇闻轶事，可以说他把公元前 6 世纪中期前后的历史一分为二：在此之前的历史不可靠；在此之后的历史则是来自于他能见到的最年长的老者所能记述的历史。公元前 5 世纪的最后 25 年，雅典史学家修昔底德专攻雅典同斯巴达之间的伯罗奔尼撒战争，战争期间这本史书就开始撰写，但是尚未完成修昔底德就溘然离世。为证实"使战争不可避免的真正原因是雅典势力与日俱增，由此引起斯巴达的恐慌"，他简要描述了公元前 479 年以来雅典实力的壮大过程，[3] 同样为了证实伯罗奔尼撒战争空前壮烈，他描述了希波战争前希腊实力的发展壮大，尽管某些地方有差错但非常合理。[4]

　　公元前 5 世纪末，人们开始为各个城邦单独写史，保留了大量古风时代及更早时期的传说和口述故事。这些历史著作一本也没有幸存下来，可是在后世作家的只字片言和改述版本中尚可寻到踪迹。公元前 350～前 325 年，雅典的亚里士多德学派为 158 座城邦编纂了《政治体制》，其中《雅典政制》留存下来，其记载了该政体的历史，描述了当时政治体制运作的情况，有些其他城邦政制的记录则比较散碎。公元前 4 世纪，小亚细亚库梅的厄弗罗斯，编纂了希腊及近东通史，为我们提供了散碎史料；接着西西里岛的狄奥多罗斯大量采用厄弗罗斯的通史，创作了公元前 1 世纪通史。狄奥多罗斯的历史著作约有三分之一保留了下来，包括关于希腊古典时代的章节；可是有关古风时代和公元 302/1 年后希腊化时代的章节不幸失传。

　　罗马时期，值得一提的还有三位作者，他们用到了更早的史料。一是斯特拉博，来自公元前 1 世纪和公元 1 世纪早期的小亚细亚，他编写罗马世界地理历史时，也参考了包括厄弗罗斯通史在内的许多资料。二是普鲁塔克，来自公元 1 世纪末 2 世纪初维奥蒂亚的奇罗尼亚，他创作了题材丰富的散文，并且旁征博引，撰写了《希腊罗马名人传》。三是鲍桑尼亚，他生活在公元 2 世纪的小亚细亚，其作品描写了希腊本土的中部和南部，关注建筑、古迹及背后的故事。

　　黑暗年代以后的希腊，定居点越来越大，日益繁荣，聚落积极参与对外友好交流，或者与邻邦争夺领土，冲突不断。这时出现了所谓的"集住"（Synoikismos），是指相邻小规模聚落倾向于集中居住，组成新的大聚落，这一形式一直延续到古典时代，但常常受到地方独立主义的排斥。有时是一个城邦占据了一小片平地，建起防御岗；有时是大片平地几个城邦共存，要么内讧不断，要么共御外敌。雅典以卫城为中心，先掌控周边平地，然后逐步扩张到整个阿提卡区域，因此雅典领地达到了 1000 平方英里（2600 平方公里），伯罗奔尼撒战争之初，城邦中的成年男性公民约有 6 万名。[5] 在伯罗奔尼撒，斯巴达先是征服了自己所在的整个拉科尼亚，然后拿下邻邦美塞尼亚（麦西尼），剩下的其他城邦不是被隔开就是从属斯巴达，因此其领土面积扩大到了 2400 平方英里（6200 平方公里）。根据流传的故事，他们把征服得来的土地分发下去，以此推测古风时代成年男性公民约有 9000 名。[6] 相比之下，阿提卡北部的维奥蒂亚，面积约 1150 平方英里（2950 平方公里），科派斯湖（现已干涸）周边有众多城邦：久而久之较小的城邦就被大城邦吞并或变成附庸；公元前 6 世纪末以后，它们大部分时候都是以联邦形式结合在一起。[7]

黑暗年代末期，新兴城邦与荷马的描述并无二致，国王仍然存在，但他们仅仅是作为一个最高领导者存在，要与其他领导者（黑暗年代动乱中脱颖而出的土地领主，他们占有更多的良田）定期沟通并听取他们的意见，偶尔会有公民大会召开，一般是为了交流信息、为战争或其他重大事务寻求支持，等等。在大会上，穷人须有自知之明，知道自己的位置，可以对某一观点表示支持或反对，但没有发言权和提案权；那时投票表决还没有发明（可以确定斯巴达宪政改革发生在公元前 7 世纪初期，投票表决可能应该在这之后）；[8]国王可以不支持议事会或公民大会的多数观点，但也不能总是反对。城邦本族居民中，成年（同现代一样，20 岁）男子（20 世纪以后才包括女性）才有公民资格；还有极少外邦迁徙过来的自由民（很多是在自己城邦惹了麻烦的男子，比如卷入种族之间的血仇）；此外还有一些奴隶（比如，没有交付赎金的战俘）。某些城邦还有依附于领主的半自由佃农，如雅典的"六一农"（*hektemoroi*），[9]或者处于某种被奴役状态之人，如斯巴达的农奴希洛人（*heilotai*）等。[10]

把全部希腊人、各城邦内所有成员紧紧联系的方式各不相同。希腊人主要源于三个部落（也有不属于这三类的）：多里安人，主要居住在伯罗奔尼撒；爱奥尼亚人，大都在雅典和埃维亚岛；伊奥利亚人，主要居住在维奥蒂亚和色萨利。希腊传说中的"多里安入侵"是指多里安人从希腊中部聚居地入侵伯罗奔尼撒半岛，事实上相较其他希腊人，多里安人确实较晚来到伯罗奔尼撒。公元前10世纪~前9世纪，部分希腊人向东迁徙，跨过爱琴海来到小亚细亚，3个部落的自我意识逐渐增强，他们定居在希腊本土不同的区域，伊奥利亚人在北，爱奥尼亚人居中，多里安人在南。城邦内的人口分成各个小部落，即血缘组织，其成员世代相传，久而久之更加名副其实了。多里安城邦主要有3个；爱奥尼亚人已知的有6个，其中雅典就有4个。此外还有更小的血缘单位，胞族（*phratriai*），即兄弟会。可能在动荡不安的黑暗年代，强者需要弱者的依附，弱者需要强者的保护，部落和兄弟会这些群体就这样形成了。

农业聚落专注于自给自足，没有文字和货币，非常安定，发展缓慢。主要的财产形式是土地、土地上种植的农作物和食草动物。家庭可能因为儿子都死了而消亡，或者成年儿子太多，把财产分掉，而落得一贫如洗，但基本上最为富裕的家庭都是代代相传。无论是自由领主还是佃农都有土地，而鞋匠之类的大多数家庭也有土地，他们也希望主要依靠务农谋生。既然法律不能用文字书写下来，也不能由所有识字者共商制定，那么城邦法律实际上还是统治阶层说了算，其他人很难挑战。

贸易与殖民

在更为安全的生活环境下，人口出生率随之增加，人们的寿命也越来越长。人口增长，便需要更多的食物。一开始有的城邦能够把更多土地投入农业生产；[11] 邻邦之间则为争夺边境土地纠纷不断；有的城邦某些年份收成不好，闹饥荒，则要么进口食物，要么外卖人口，要么双管齐下。结果就是从公元前 8 世纪开始，希腊人频繁出海，航海轨迹遍布爱琴海及周边海域，他们四处搜寻可以进口所需食物及其他商品的地方，寻找可以建立殖民地（apoikiai，字面意思就是"第二家乡"）的地方，以便安置多余人口，就地生产农作物。此外，一些人会因为政治上的原因移民，[12] 还有一些则会基于探索冒险的目的而去旅行。

他们在进口的同时，也可以出口当地生产的橄榄油和葡萄酒，向一些地方出口银子；然而古风时代初期他们能出口的并不多，有时候一些希腊人也被卖到邦外为奴。某些城邦的特产声名远扬：如雅典和帕罗斯岛的大理石，米利都的家具和木制品，科斯岛和阿莫尔古斯的丝织物。这些城邦虽然有出口，但并没有形成大规模的"工业"，没有出现大型商船。生产水平仍是以一家一户为单位，船主在贸易中握有很大话语权，他的船上既载有自己的货物，有时也会带上其他商人的货物。

希罗多德提到了两名格外成功的商人：来自萨摩斯岛的柯莱欧司和来自埃伊纳岛的索司特拉托司（Sostratus）。[13] 在意大利的伊特鲁利亚出土了数件陶器，上面刻画着字母"SO"，很可能就是经索司特拉托司运输的商品。

公元前 6 世纪初，吕底亚人发行了质量、价值有保障的贵金属块——货币；公元前 6 世纪中，有些希腊城邦也开始效仿，其中埃伊纳岛、科林斯和雅典最早。这种支付方式在贸易和行政方面（不管人们最初制造硬币出于何种目的）非常方便，很快就被人们接受。到了公元前6世纪末，希腊城邦大都开始发行本国货币，非常可能的是在这之前，它们曾使用经过称重的贵金属片。[14]液体货物和谷物的常用容器是陶罐，它们大小不一、形状各异，有的简朴，有的华丽。陶罐易碎但不会彻底分解，来自各个年代产地不同且出土地各异的陶器是考古学的重要实证。

海外冒险的形式随着希腊人旅行所到之地人口性质的不同而改变。在地中海东端，在土耳其东南部欧朗提斯河口附近的阿尔敏纳等地，搜寻来自东方的金属和奢侈品的商人加入到现有的社群中来。一些希腊人来到埃及获取谷物粮食，在埃及人要求下，他们只能在尼罗河三角洲西部城市瑙克拉提斯开展贸易活动；还有的希腊人来这里做法老的雇佣兵，在位于阿斯旺南部的阿布辛拜勒神庙中，拉美西斯二世的大型雕像上留下了一些有关他们的粗糙刻画。[15]这样看来，小亚细亚及其近海岛屿的希腊人非常突出。据说由于家乡接连几次农产品歉收，来自爱琴海南部锡拉岛的移民在利比亚东部的昔兰尼等地建立了农业殖民地：原居民是游牧民族，根据希罗多德描述，他们一开始无动于衷，后来得到了埃及的支持，才开始反抗，不过最终还是失败了。随着这些殖民地的发展，越来越多的希腊人加入进来。

甚至在黑暗年代期间，塞浦路斯和撒丁岛之间的贸易路线仍在发挥作用，公元前8世纪埃维亚岛的货物可以抵达撒丁岛。公元前8世纪前叶，埃维亚岛城邦哈尔基斯和埃雷特里亚在尼波利斯（那波利，那不勒斯）海湾外的岛屿——皮塞库萨埃（今天的伊斯基亚）建造了该地区第一处希腊殖民地。这里土壤肥沃，适合耕种，有数千人口，形成一处大聚落，但成为殖民地还是因为其方便进口伊特鲁利亚的金属。约公元前 8 世纪中，希腊本土的库迈建起了一处殖民地；公元前 7 世纪，火山爆发将皮塞库萨埃夷为平地。公元前 730～前 720 年，为方便同希腊的联系，殖民地如雨后春笋般建立起来，遍布西西里岛与意大利本土之间的海峡，包括西西里岛的赞克勒（后来的墨西拿）和意大利本土的利基翁（雷焦卡拉布里亚）。由于西西里岛耕地质量好，这里出现了第一批殖民地；紧接着就是埃维亚人在东北部的纳克索斯建立殖民地，从希腊出发靠岸航行的船只首先抵达的就是纳克索斯；随后科林斯人占领叙拉古（锡拉库萨），这是东海岸往南的一处天然良港。其他殖民地也陆续建起，到了公元前 6 世纪初，除了岛屿西部，希腊殖民地遍布整个海岸。为了建立这些殖民地，希腊人必须驱逐或奴役当地居民——岛屿东部的西塞尔人和西部的斯坎人；到古典时代，他们已经很大程度上希腊化。为了加强对西部航线的控制，科林斯人于公元前 730～前 720 年，从克基拉（科孚岛）开始，在希腊本土西北部和附近岛屿上也建起了殖民地。

其他希腊人来到意大利南海岸，重新开始寻找耕地和通往伊特鲁利亚的陆路。公元前 8 世纪末，来自伯罗奔尼撒半岛北岸的亚该亚人建起锡巴里斯和克罗顿，之后两地也开始建立殖民地。斯巴达人之前没能从伯罗奔尼撒夺取的土地中分得一杯羹，于是在公元前 700 年后不久建立了他林敦。[16] 这里的殖民地如此之多，意大利南部甚至西西里岛都被称为大希腊（*Megale Hellas*）。

公元前 600 年，小亚细亚更西边的福卡亚人远渡而来，击败迦太基人，在法国南岸建立了马萨里亚，又在东西海岸建立殖民地，寻求从不列颠运来的锡等金属，同时向这一区域运去橄榄和葡萄。约公元前 560 年，又在科西嘉岛建立了阿拉利亚，公元前 540 年，希腊人战胜伊特鲁利亚人和迦太基人，可是由于代价巨大，随之弃城而去。公元前 6 世纪末，欧洲大陆的变动使得陆地商贸线路向东部进一步延伸，抵达亚得里亚海；随后福卡亚人来到伊特鲁利亚人在这里建立的殖民地。

希腊人并没有将地中海西部纳入囊中，迦太基人和福卡亚人之间的冲突表明，来自叙利亚和黎巴嫩海岸的腓尼基人在这里也有利益。根据考古遗迹可知，他们在爱琴海的活动一直延续到黑暗年代末期。之后他们在北非西海岸又建立了一连串的殖民地，最为著名的就是迦太基，位于今天的突尼斯，最早的遗址可以追溯到公元前 8 世纪后半期。希腊人也将殖民地扩展到西西里岛西端、撒丁岛、巴里亚利群岛和直布罗陀海峡内外的西班牙。据说公元前 509 年迦太基同罗马签署了一项条约。

黑暗年代，希腊人横跨爱琴海来到小亚细亚，但并未继续向北扩张。公元前 7 世纪，埃维亚岛人追寻土地和木材，来到爱琴海北部，在这一区域以及由此往南突出的三个半岛上，建立起多处殖民地［由于卡尔西狄斯人的加入，后来称为卡尔西狄斯（哈尔基季基半岛）］。位于西部分支地峡的波提狄亚（卡桑德拉半岛的古称），公元前 600 年被科林斯占领。此外，卡尔西狄斯东部的色雷斯海岸富有金属和木材，也建立了殖民地。公元前 6 世纪，莱斯沃斯人占据附近的小亚细亚陆地，并继续向北扩张，直抵爱琴海边缘的赫勒斯滂海峡（达达尼尔海峡的古称）。米利都人深入赫勒斯滂海峡，来到普罗滂提斯海（马尔马拉海的旧称），最终抵达黑海，不断壮大，一边从东方获取各种商品，一边从北海岸和克里米亚获取粮食。迈加拉人为了在希腊抢占土地，挤进科林斯和雅典之间的地峡，先后在博斯普鲁斯海峡亚洲一侧的卡尔西登和普罗滂提斯海的塞林布里亚建立殖民地，甚至到了拜占庭——这里是利用或控制黑海和爱琴海之间贸易的最佳位置。

从公元前 8 世纪到公元前 6 世纪，殖民活动开展得如火如荼，但公元前 6 世纪还未结束。如公元前 5 世纪初，雅典在色雷斯数次尝试建立安菲波利斯殖民地，终于在公元前 437/6 年成功建立；为了保护自己的粮食贸易，又于公元前 325/4 年在亚得里亚海建立一处殖民地。

殖民地保留了关于建邦的故事，并在恰当的时机加以利用。这些故事讲的主要是在一个或几个殖民地创建人（*oikistai*）的带领下，常常在"德尔斐神谕"[17]指示下，人们离开母城（有时是联合母城），进行殖民探险。当然人们往往不会记得纯粹的事实，最近有学者根据考古发现殖民地起源更为复杂随机，如最早发现他林敦的显然就不是斯巴达人。极有可能的是在长期殖民地建起之前，就已经有人到访，一旦殖民地建起，各处的人都会有所耳闻，出于不同缘由来到这里，但是如果人们最初要决心在某地定居、组建群落，那么在一定程度上会有共识，因此，如果对于建邦故事有所怀疑，也无须过度怀疑。有时，这些聚居地发展起来，不像移民们原来的聚落，而是更像城邦（*polis*）：如在意大利南部建立殖民地的亚该亚人，他们原来的家乡在古风时代城市化程度也不够。希腊人一般认为殖民地本身就是独立城邦，通过亲属和信仰关系同主城捆绑在一起，但不是正式从属于主城。与其他大多数母城相比，科林斯更加努力地对它的殖民地宣称主权，每年都往波提狄亚派遣官员，这一行为到了公元前 5 世纪 30 年代才终止。

僭主政治

公元前 7 世纪～前 6 世纪，几乎所有的希腊城邦都经历了一段时期的僭主政治。僭主是指通过篡权上台，要么专制独裁，要么保留既有制度，进行暗中操纵（把僭主定义为邪恶的独裁者来自于公元前 4 世纪的哲学家柏拉图和亚里士多德）。虽然子承父业并不鲜见，但古风时代的僭主没有超过三代的。希腊人将继承王位的君主称为"执政官"（*basileus*）（迈锡尼人的 B 类线形文字石板把执政官排在国王之后），僭主（*tyrannos*）一词可能来自吕底亚，最早用来称呼僭主基格斯，公元前 675 年他建立的新王朝出现多位国王。早期这两个词语的使用比较灵活，在公元前 4 世纪时才固定下来，很可能当时许多僭主更乐意被人称作执政官。

修昔底德的关注点在财富积累。[18] 更重要的是经济活动范围更加广泛，使得有人容易富过他们的父辈，有人却比父辈更穷，新贵声称自己不比传统贵族差。[19] 币制可能加速了这一过程，但据我们所知，希腊城邦到了公元前 6 世纪中期才开始发行货币。亚里士多德认为从依赖骑兵的贵族政治城邦转变成依靠"重装备步兵"的"民主"城邦，[20] 军事得到了发展。希腊贵族更倾向于将马当作运输工具，而不是用于战争；在古风时代，希腊人发明了重装备步兵"方阵"的作战方式（早期样式）；至于这种军事变革是否迅猛剧烈还尚存争议，但相对可信的是城邦中参战男子发挥的作用越大，他们越认为在城邦的事物上更有发言权。黑暗年代以后的城邦或多或少出现种族混合（如西锡安就是由三支多里安部落和另外一支部落组成[21]），这也可能是造成冲突的原因之一。公元前 8 世纪，希腊字母问世；[22] 公元前 7 世纪，部分城邦开始将法律书写下来，成文法最初可能有益于避免贵族中的成员越界，而不是防止居于低级阶层的平民越界，如现存最早的成文法（公元前 7 世纪）就在克里特岛的德雷洛斯古城，限制该城邦主要官员的任期在十年内只能有一年。[23] 实际上，成文法使得人们挑战那些口头上宣布法律的强权人士成为可能。

　　我们不可能为"僭主政治"找到一个包罗万象的解释。在任何情况下，总会有人想紧紧抓牢权力，不管他是否在现有政权供职，如果他在这个政权体系中所处的地位非常糟糕，他就无心作出改变，但如果他的地位也不至过分卑微，也还有人把他当成可靠的领导者，他便会首先利用本邦人的一切不满情绪。这就是为什么僭主一开始能得民心，等到真正上台，他又成了不满的源头，所以僭主政治难以长久维持下去。

　　在伯罗奔尼撒东北部的阿尔戈斯，斐冬就是世袭君主，他击败其余王位竞争者，夺回神话中的先祖诺斯在伯罗奔尼撒东部的统治权，插手奥林匹亚体育竞赛，制定标准量度（可能涉及重量和硬币），最后在干预科林斯暴乱时死去（公元前4世纪，某些地方仍然采用斐冬式的容量标准，甚至斐冬式重量标准可能还在使用，不过他生活的年代离币制出现尚远）。现在准确推测斐冬所处的年代非常困难，希罗多德史书认为是在公元前600年，但那时候科林斯比阿尔戈斯更为强大。其他史书则推测得更早，甚至有的认为在公元前776年奥林匹克竞赛成立以前。有文字记载奥林匹克运动会曾两次中断，分别在公元前748年和公元前668年；据说阿尔戈斯（没有提及斐冬）在公元前669/8年击败斯巴达，但是这一时间还有待考证。公元前668年最容易确定：公元前7世纪初，奥林匹亚逐渐吸引了越来越多希腊民众，[24]科林斯人正在酝酿推翻巴克伊亚家族（参看下文），斯巴达内乱不断，焦头烂额，[25]阿尔戈斯则在苦练重装备步兵方阵。这样的背景之下，阿尔戈斯更可能出现内部篡权，也不愿被外来者统治。斐冬死后，王权持续了一段时间，但到了公元前5世纪，每年在任者的称号已经变成了执政官。

在科林斯，巴克伊亚家族的国王统治已经退去，代之以每年选举产生的官员集体统治，科林斯由此发展壮大起来。公元前8世纪末期，它取代雅典，成为出产彩绘陶器最多的城邦；[26]再加上位处伯罗奔尼撒和雅典中部之间地峡，地理位置优越，往来贸易繁多；科林斯还积极在西部等地建立殖民地。修昔底德认为在巴克伊亚家族统治时期，科林斯人发明了三层划桨战船，他们没有盲目增加战船长度，而是三排都安排桨手，从而大大提升了船桨的动力（现代复制品）。[27]

修昔底德的判断可能有误差。三层划桨战船可能源自腓尼基，可以肯定的是，直到 6 世纪末，希腊才将它作为常规战船。不过人们相信科林斯人发明了三层划桨战船也反映出他们享有海洋旅行者的美誉。

巴克伊亚家族的统治被塞普瑟鲁斯领导的一场暴动推翻了。塞普瑟鲁斯是巴克伊亚家族的远亲，其母亲据说是巴克伊亚家族的一名跛足女子，父亲既不属于巴克伊亚家族也不是多里安人。民间传说他出生时有人想杀他，可是没有得手。[28]希罗多德把他描述成一名残暴的统治者，但当时的背景是科林斯人认为僭主是邪恶的；后世有位作家则将他描绘成一名性情温和、受人爱戴的君主。传闻其子佩里安德残暴不仁，佩里安德的侄子普萨美提克继承王位后很快就被刺杀；一般认为塞普瑟鲁斯在位时间是公元前657～前627年，佩里安德是公元前627～前586年，普萨美提克是公元前586～前583年。

此后科林斯持续繁荣富庶。人们认为塞普瑟鲁斯在德尔斐建立了科林斯的金库，储藏科林斯人的税贡，又在奥林匹亚修建了宙斯神像。据说佩里安德奋起抵御邻邦侵犯，他的海外冒险包括：先在其殖民地克基拉舌战群儒，后同米利都僭主斯拉苏布卢斯促膝长谈，讨论怎样成为一名合格的僭主（两人穿过一片农田，斯拉苏布卢斯砍掉了最高处的麦穗，以此教导佩里安德：一个明智的统治者应该除掉身边那些强大到可以挑战自己的优秀人物）。佩里安德在位期间修建了陆上斜坡，用石头铺设小道，以方便拖拉船只货物等穿过地峡。佩里安德也有为人称颂之处：在僭主政治被认为是政治错误之前，他一直被誉为古风时代希腊七贤之一。僭主政治之后就是较为温和的寡头政治，可能就在这时，科林斯的公民机构有了一个新转变，与过去截然不同：公元前5世纪中期，8个新部落有了独立分支，出现了80人议事会；阿波罗神庙建于公元前570~前569年，僭主政治结束不久，这是希腊第一批全部由石料建造的神庙之一；公元前4世纪中叶，科林斯率先在希腊城邦中发行货币。

迈加拉位于科林斯地峡，公元前7世纪后半期由僭主塞阿戈奈斯统治：他的女儿嫁给了雅典的库伦，后者在其岳父帮助下在雅典谋划政变想当上僭主，可是没有成功。[29]迈加拉诗人塞奥格尼斯谴责新贵崛起，[30]在这一时期较为活跃。

从公元前7世纪中期到公元前6世纪中期，奥达哥利特王朝统治着科林斯西部的西锡安。最知名的僭主就是克里斯提尼，他在位时间是公元前6世纪初：据说他与阿尔戈斯发生了一场争执，后来采取各种方式反对多里安，包括给部落改名［希罗多德史书讲到，他贬称多里安部落，而把自己的部落称为"阿什拉欧伊"（Archelaoi），意思是统治者，[31]这种说法可能遭到篡改］。克里斯提尼还与科林斯的僭主佩里安德发生争执；为了控制德尔斐，在神圣战争中大败科林斯；也曾赢得科林斯第一场双轮战车比赛。[32]僭主克里斯提尼为女儿阿嘎里斯特选婿，举办了长达一年的家庭宴会，后来女儿嫁给了雅典人迈加克勒斯，生下了后来的雅典政

治改革家克里斯提尼（以其外祖父名字命名）。[33] 大约在公元前
550～前 540 年，斯巴达结束了僭主政治。[34]

要想了解雅典公元前 7 世纪的库伦、公元前 6 世纪的庇西特
拉图和他的儿子，请参见第 2 章。

有关爱琴海和小亚细亚西部僭主的信息支离破碎。在莱斯沃
斯，公元前 600 年左右，彭赛利达发动数次起义，诗人阿尔凯奥
斯也卷入其中；赫勒斯滂海峡附近爆发了反抗雅典对西格乌姆殖
民的战争，后来科林斯僭主佩里安德在仲裁中支持雅典，战争暂
时平息；最后一名叫皮达库斯的男子成为僭主或调停者。他修订
了法律，10 年后辞去职位。公元前 600 年，斯拉苏布卢斯是米利
都的僭主，他会见了佩里安德。后来可能由于"财富"和"肉搏"
两个派别争斗不休，请来帕罗斯岛人公断，有两个僭主遭到废黜。
除了这些派别名字所显示的，希腊东部的僭主政治更多涉及贵族
内部纷争，而不是社会矛盾。

公元前 6 世纪波吕克拉泰斯对萨摩斯岛的统治有更好的证实，
但也存在问题。波吕克拉泰斯在位时间为公元前 532～前 522 年，
夺权期间得到了纳克索斯的僭主吕戈达米斯的帮助，吕戈达米斯
则受到了雅典僭主庇西特拉图的援助。希罗多德认为波吕克拉泰
斯是除了叙拉古之外最伟大的僭主，[35] 只不过很难解释他在仅仅
10 年内就完成了传说中的各种伟绩：从征服岛屿和小亚细亚本土
城邦，将波斯人赶出本土，到修建重大公共基础设施、赫拉神殿、
海港工程、城市供水地道等。最容易的解释就是萨摩斯人在公元
前 6 世纪的更长一段时间里，完成了这些事业，却被归功于波吕

克拉泰斯。后来波吕克拉泰斯听信谗言来到希腊本土，被波斯总督杀死，随即统治结束；大臣密安德流斯本想请辞，最终还是留任了，不过一直不受欢迎；后来经过多次流血冲突，波斯人扶持波吕克拉泰斯的弟弟叙罗松上位，密安德流斯却没能说服斯巴达人让他复任。[36]

公元前 520 ~ 前 510 年间，斯巴达人推翻纳克索斯僭主吕戈达米斯，他们夸口从未有过僭主统治，[37] 而且还打倒过其他城邦的僭主。除吕戈达米斯外，有史可考的还有公元前 6 世纪中期西锡安的僭主俄萨格利德以及公元前 511/510 年希腊的僭主希庇阿斯。不大可能发生的是：斯巴达人早在公元前 6 世纪就已经从理论上反对僭主政治，驱逐希庇阿斯，数年后他们又考虑重新拥立他。[38] 比较有可能发生的是：随着斯巴达的势力蒸蒸日上，僭主们却不可避免地走向末路，有时候一代僭主下台，就有一个斯巴达人继位；尤其驱逐希庇阿斯一事，使得斯巴达在古典时代就获得了"僭主终结者"的名声。

尽管僭主们一边吹嘘自己，一边颂扬城邦，但是无法否认的是他们的统治不利于贵族，因为不管是一人独裁还是家族统治都会损害其他主要贵族的权力。可能直到公元前 5 世纪，才开始区分"民主"和寡头，并使用词汇给它们命名，[39] 但是大多数城邦脱离僭主统治后形成了立宪政府，任何人只要足够富有，能作为重装备步兵参与战斗，他们就是公民，就可以在协商重大事件的公民大会中占有一席之地。在希罗多德看来，最重要的宪法差异就在于自由与隶属君王之间。

神祇、庙宇与节庆

在希腊城邦，在整个古代世界，宗教都是社群生活中不可或缺的一部分；虽然宗教事务可以同世俗区别开来，但就像城邦可以决定世俗建筑、官员和其他事务一样，城邦也可以决定宗教建筑、人员和节庆。希腊拥有拟人化的众神。希腊神话故事中的神与人一样，也有善恶，到了公元前 6 世纪，有些希腊人对此不满，想必任何时候信徒们对这些故事的态度都存在较大差异。此外，信徒必须有一定的信仰，包括相信人神行为之间存在联系（灾害被视为神灵对人类恶行的惩罚），但忠实地履行对神的义务比崇尚正统教义更加重要。

尽管希腊各地神祇称号、祭祀内容和仪式都不相同，但是希腊人所信仰的是同一类神。[40] 每年一月都会在雅典举行泛雅典娜节，祭祀护城女神雅典娜。人们建起庙宇，作为神在人间的居所，竖立塑像作为神的象征，这些神庙本身也是一座宝库；庙前放置祭坛，敬奉牲畜和别的食物，不仅供神祇享用，也是信徒们的盛筵。大部分庙宇都建在城邦中心，譬如雅典的神庙就在卫城；也有重要神庙建在乡村，作为城市与农村的纽带，如阿尔戈斯和萨摩斯的赫拉神庙。节庆不仅有游行和祭祀，还有各种各样的体育竞技、诗歌竞赛和音乐会，在现代文化中这些活动与宗教无关。

虽然所有神庙都属于当地群落，但有些仍然吸引了四面八方的希腊人前来祭拜，其中就有德尔斐的阿波罗神庙，它位于科林斯湾北海岸不远处的内陆，前往祈求神谕的民众数不胜数。迈锡尼时期这里被占据。《荷马史诗》里也提到这所神庙；此处最早的祭祀活动可以追溯到公元前 800 年；据说公元前 730～前 720 年，有人也曾来这里求取有关叙拉古殖民活动的神谕。公元前 7 世纪，殖民地迁移，第一座神庙建成。起初科林斯在这里如日中天，但公元前 590 年，科林斯与希腊北部的色萨利爆发了一场圣战，邻邦西锡安和雅典支持希腊北部的色萨利（公元前 6 世纪早期尤其势大），科林斯败北。从那以后，以色萨利等为首的邻邦同盟占据了德尔斐和温泉关附近的神庙；公元前 591/590 年进行首次祭祀仪式；公元前 582/1 年第一届皮提亚运动会召开，此后每四年一次定期举办。

在伯罗奔尼撒西部的奥林匹亚，有一座宙斯神庙，迈锡尼时期及以前有人居住过，公元前 10 世纪以来就有祭祀活动。最早的神庙建于公元前 591 年，用来祭祀宙斯的妻子赫拉，它是由石块和泥砖混用建造的最后几个主要神庙之一。传统观念认为，每四年一届的奥林匹克竞赛创始时间在公元前 776/775 年，后来希腊人重列的获胜者名单可靠地显示：直到公元前 8 世纪末，参赛者的范围才从当地扩大到整个伯罗奔尼撒半岛；公元前 7 世纪，扩展到泛希腊世界。离奥林匹亚最近的当属皮西亚斯人，但北方的伊利斯人野心勃勃，想要侵占这片地区，控制奥林匹亚。不同文本对于夺取奥林匹亚地区的纷争产生的时间各执一词（约公元前 668 年阿尔戈斯的僭主斐冬插手），可是伊利斯最终掌控这里的时间是公元前 580 年。

公元前 6 世纪初，伯罗奔尼撒东北部的另外两座神庙——德尔斐及奥林匹亚也成为希腊的主要祭神之地。公元前 11 世纪，科林斯地峡修建波塞冬神庙，公元前 7 世纪初又建了一座神庙。科林斯主导的伊斯米亚运动会每两年一届，始于约公元前 583/2 年，这在一定程度上是科林斯人在失去对德尔斐的影响力后作出的反应。公元前 6 世纪初，不远处阿戈里德北部的内美亚又修建了一座宙斯神庙；公元前 573/2 年，每两年一届的内美亚运动会开始举办。这座神庙先是由附近的克里奥奈控制，后来被阿尔戈斯夺取。

其他神庙虽然并不能影响到整个希腊，但还是吸引了大量希腊人前来。青铜时代，基克拉泽斯的中部小岛提洛被侵占；从公元前 8 世纪起，在这里为爱琴海岛民和爱奥尼亚希腊人建造了一座宏伟的阿波罗神庙。公元前 6 世纪，庇西特拉图执政时期，雅典首先对提洛岛产生兴趣；随后在公元前 5 世纪长期占据这里，作为提洛同盟中心，曾有一次短期中断，不过又在公元前 4 世纪重新长期控制。[41] 萨摩斯岛对面的帕尼欧尼翁坐落于小亚细亚大陆，那里有波塞冬神庙，为小亚细亚的爱奥尼亚城邦及希俄斯和萨摩斯岛所共有。

公元前 566/5 年，雅典重新组织泛雅典娜节，改为每四年举办一届大泛雅典娜节，包括各项竞技比赛。雅典要求提洛同盟的城邦参加。在阿提卡西部的小镇埃莱夫西斯，雅典祭拜农业女神得墨忒耳及丰产女神科莱的神秘活动取得了更大成功。神秘祭祀仪式给信教者带来了精神益处，埃莱夫西斯的神秘吸引了整个希腊世界的新教徒。约公元前 5 世纪 30 年代，雅典颁布法令，要求提洛同盟的成员并欢迎其他希腊城邦将第一批丰收的粮食进献给埃莱夫西斯。[42]

第 2 章
雅典与斯巴达

斯 巴 达

斯巴达是伯罗奔尼撒南部拉科尼亚的重要城邦，坐落在欧罗塔斯河边，距离海洋约 20 英里（32 公里）。附近有迈锡尼等早期据点，从公元前 10 世纪开始，斯巴达才逐渐有了一定的聚居聚落。在古典时代，斯巴达由 4 个尚未全面城市化的村落集聚而成，[1]再加上南部稍远的阿米克莱。斯巴达从那时起一直到希腊化时代后期都实行双王制：在希腊神话中，英雄赫拉克勒斯是"多里安人入侵"的领袖之一，战争结束后分得斯巴达，他的后代中有一对双胞胎，斯巴达双王就是双胞胎的后裔；事实上他们应该是几个村落融合后的优胜者。

此后的作家，特别是旅行家鲍桑尼亚，详细描述了斯巴达（向西）入侵拉科尼亚和美塞尼亚的过程，但这些描述不一定真实，因为公元前 371～前 369 年，斯巴达衰弱，美塞尼亚独立，在没有历史可考的情况下，作者开始自由发挥。无论这一过程何时开始，公元前 8 世纪后半叶，多里安斯巴达人已经征服生活在拉科尼亚其他区域的非多里安人。被征服者一些成了"边民"（perioikoi），居住在城镇中，虽然可以自由管理地方事务，但外交上从属斯巴达，必须应征参战，且无权参加斯巴达的决策。其他的就成了希洛人（意指俘虏或奴隶）：不同于买来的私有奴隶（这些人是当地原居民，有自己的家庭），他们是属于斯巴达城邦的财产，不得不在被夺走的原自己的田地上耕作，收成却被现拥有土地所有权的斯巴达人占有。斯巴达每年都向希洛人宣战（借此表示杀人行为是正当的），希洛人受到各种各样的羞辱和虐待。

约公元前 735～前 715 年，第一次美塞尼亚战争爆发，斯巴达征服了美塞尼亚东部的司铁尼克列洛斯山谷，据说那时候科林斯站在斯巴达阵营，其他伯罗奔尼撒人则站在美塞尼亚人一边。第二次美塞尼亚战争发生在约公元前 7 世纪中后期，这一系列冲突以美塞尼亚叛乱开始，以斯巴达征服整个地区结束；相比拉科尼亚，战争使得美塞尼亚的希洛人越来越多，边民越来越少。诗人提尔泰奥斯指挥第二次战争，呼吁斯巴达人像重装备步兵一样英勇作战，并在公元前 7 世纪中叶写诗赞颂两代以前的这场战争。斯巴达人既然占领了拉科尼亚和美塞尼亚的土地，就不必再参与殖民活动：第一次战争期间出生的斯巴达男性被怀疑是斯巴达妇女同希洛人的私生子，不能分得那时候征服的土地，他们被赶出城邦，在公元前 7 世纪[2]的最后几年时间来到他林敦。

公元前 5 世纪以后的斯巴达政制都归功于改革家莱库古。虽然普鲁塔克承认关于莱库古的一切都不能确定，但还是大致根据公元前 4 世纪亚里士多德学派的《斯巴达政制》（现已失传）写了莱库古传记。虽然古代作家认为莱库古生活在第一届奥林匹克竞赛甚至更早的时期，但他们不约而同地认为其主导的改革在时间上不可能有那么久远。所有改革不是都由一人一次性完成，有的改革措施可能发生在公元前 7 世纪上半叶，第一、二次美塞尼亚战争之间。普鲁塔克引用和扩充了《大法令》这份文稿，提尔泰奥斯对《大法令》进行了解释：[3]《大法令》综合了斯巴达 3 个多里安部落的政治表达与 5 个地区的政治表达，这 5 个地区包括 4 个村庄和阿米克莱。贵族议会发展为长老会议，由双王、28 名年逾 60 岁且为某些贵族家族后裔的长老组成；公民大会定期召开，拥有最终决定权。这就是所谓西方"民主政治"的早期模式，后来在希腊各城邦广泛应用，不过各地区的方式和侧重点各有差异：一般先由议事会商讨，再由公民大会作最终决议。斯巴达模式下，公民大会的作用相对较小，只有长老会议成员和监察官在大会上有发言权和提案权，当两方无法达成一致的情况下，公民大会的决定权才真正发挥作用。在斯巴达政制早期，投票就意味着叫喊，人们在一间没有窗子的小屋里，判断哪一方的声音更大。

有部分学者认为每年从全体公民中选出 5 人担任监察官的制度不是莱库古制定的。国王没有被废除，仍然是军队领导人和长老会议成员，在宗教事务上举足轻重；而主持长老会议和公民大会等城邦首脑的职责转移给了监察官。国王与监察官有时会产生矛盾，设立监察官的初衷可能是为了平衡两位国王间的权力；人们重拟了公元前 755/4 年往后的名单，发现公元前 555/4 年奇伦最早担任监察官，在位时权势颇大。

莱库古的另一项功绩是重新分配土地，第一次美塞尼亚战争后将部分土地分给斯巴达公民，第二次美塞尼亚战争后分配力度又加大（有学者认为他只进行了第一次分配）。在古风时代，据说有 9000 份土地分配给所有斯巴达公民。不管后来希腊人怎么想，现在看来，一旦土地分配下来，成为普通的、可继承、可自由支配的私有财产，那么公民在财富上就不可能平等；"平等者"（homoioi，同伙）一词的出现可能就是为了与"希波米安尼斯"（hypomeionesmen）区分开来，他们是次等公民。[4] 既然他们都分得了足够的土地，又有希洛人在份地上耕作，斯巴达公民这一次可以完全脱离生产，只从事军事生活，他们在公共食堂共进三餐，30 岁之前在兵营集体住宿，大量被征服者让这种食宿体制变为可能和必须。公民从小接受周密严苛的训练，根据年龄段的增长，训练内容逐渐强化和升级。从这时起到古典时代，训练体制由希腊广泛使用的基本结构（在其他地方则不受重视）逐渐发展成型。

古风时代的斯巴达，同其他希腊城邦一样，步履维艰。斯巴达征服了拉科尼亚和美塞尼亚，采取了一些不同的解决方案，可是同其他地方一样，斯巴达也施行了公民主体重组、议事会和公民大会规范化等措施。为了共同防止暴动和僭主政治，斯巴达贵族和普通公民好像达成了协议：平民一方面分得征服的土地，拥有政治权利，另一方面必须在贵族同边民和希洛人发生争斗时支持贵族。

斯巴达的极简生活方式自公元前 5 世纪以来一直受人诟病，

但他们自己却引以为豪。古风时代斯巴达并不缺诗人，如公元前7世纪中期的提尔泰奥斯和末期的阿尔克；考古发现证明这一时期的斯巴达人并不比其他希腊城邦人文化程度低（精美青铜器风行整个公元前6世纪，还有上半叶的制陶技术）。斯巴达曾有意识地做过一些决定，譬如公元前6世纪下半叶不采用币制（不过斯巴达并不是唯一一个这样做的城邦）。斯巴达的单调落后和雅典的奢华时尚形成鲜明对比，这也构成了斯巴达的主要形象。这两个城邦管理方法不同，但都比较奏效，在公元前5世纪迅速发展起来。

公元前6世纪上半叶，斯巴达野心勃勃，直指北方的阿卡迪亚。希罗多德史书中讲到一个含义模糊的德尔斐神谕：斯巴达人浩浩荡荡前去征服泰耶阿，结果吃了败仗，戴上了本来为泰耶阿人准备的镣铐，作为奴隶耕种泰耶阿的土地，后来他们从泰耶阿带回了据说是英雄俄瑞斯忒斯的遗骨，才终于获得成功。希腊神话中俄瑞斯忒斯并不是多里安人，显然斯巴达不再满足于在多里安的霸主地位，想要称霸整个伯罗奔尼撒半岛，不久泰耶阿宣称是斯巴达的高级盟友。通过建立起以自己为高级伙伴的伯罗奔尼撒同盟，斯巴达在公元前6世纪末称霸了几乎整个伯罗奔尼撒半岛。只有阿尔戈斯和亚该亚是个例外。阿尔戈斯绝不承认斯巴达的优势地位，两者均声称拥有伯罗奔尼撒东海岸的领土主权，公元前546/5年斯巴达战胜阿尔戈斯，双方签订50年和平条约。亚该亚位于科林斯湾南岸，同希腊中部联系更为密切。

公元前6世纪，斯巴达崛起，其他城邦僭主政治也自然而然地衰弱了（参看下文）。最早的可靠实例就在西锡安，这里出土了有关国王阿那克桑戴里达斯二世（公元前 560 ~ 前 520 年）和奇伦联姻的莎草纸碎片。[5] 阿那克桑戴里达斯的发妻生不出儿子，由于来自监察官的压力，无奈之下他续娶了一位奇伦家族的女子。奇伦王后生下了长子克莱奥美奈斯，继承了王位；后来他的发妻也生下王子（参看下文）。

公元前 6 世纪后半叶，斯巴达开始将视线放到了国外。斯巴达与小亚细亚的吕底亚国王克诺索斯结盟；但是公元前 546/5 年波斯入侵，斯巴达没有支持吕底亚，又拒不出兵援助小亚细亚的希腊人，只象征性地派了一只船去侦察并阻止波斯人伤害希腊人。[6] 斯巴达与埃及国王阿玛西斯有过交往，但是公元前 525 年，埃及国王阿玛西斯去世，波斯出征埃及，斯巴达同样袖手旁观。[7] 斯巴达与埃及国王萨摩斯也有交情，萨摩斯曾在第二次美塞尼亚战争中出手相助，两者的关系时好时坏。公元前 6 世纪中期，萨摩斯拦截了进献给斯巴达的礼物或者是斯巴达献出的礼物；公元前 525 年，斯巴达和科林斯谋划扶持萨摩斯僭主波吕克拉泰斯的敌人落空；公元前 517 年，波吕克拉泰斯的前大臣密安德流斯想要在萨摩斯官复原职，请求帮助，遭到斯巴达国王克莱奥美奈斯的拒绝。[8] 据说斯巴达推翻的僭主还包括公元前 6 世纪最后 20 年纳克索斯的吕戈达米斯。[9]

公元前 520 年，克莱奥美奈斯一世继承了父亲阿那克桑戴里达斯的王位。而他同父异母的弟弟多里欧司（其母更得阿那克桑戴里达斯欢心）前往北非和西西里岛开辟殖民地，另建新城。公元前 519 年，维奥蒂亚南部的普拉提亚不愿加入以底比斯为首的维奥蒂亚同盟，于是向斯巴达求援，克莱奥美奈斯一世担心底比斯过于强大，就建议普拉提亚与雅典结盟，雅典同普拉提亚的长期友谊由此建立起来，底比斯同雅典开始交恶。公元前 511/0 ~ 前 504 年期间，克莱奥美奈斯一世屡次三番干涉雅典内政：[10] 驱逐僭主希庇阿斯；帮助伊萨戈拉斯反对克里斯提尼未果，又企图重立伊萨戈拉斯为执政官（他本想率领整个伯罗奔尼撒盟军出击，但另一位国王德玛拉图斯和科林斯人反对，远征计划无果而终）；最后他也可能是斯巴达提议重立希庇阿斯的背后推手，但遭到以科林斯为首城邦的反对。这一次斯巴达及其拥趸组成了学者们所谓的伯罗奔尼撒同盟，只要是斯巴达提议的共同行动，成员国必须投票表决；根据规定，双王中只能有一位参加战争，这可能是针对先前行动失败而制定的。

公元前 499 年，爱奥尼亚反波斯起义，米利都僭主阿里斯塔哥拉斯向雅典和斯巴达求援，雅典派出援兵，可是斯巴达国王克莱奥美奈斯据说因为女儿高尔戈的阻止，拒不出兵。[11] 约公元前 494 年，50 年和平条约到期（参看上文），克莱奥美奈斯出兵攻打阿尔戈斯：先是使计在塞佩亚大败阿尔戈斯人，但奇怪的是没能将胜利继续下去，战争结束后他被送上斯巴达法庭接受审判，他给出了一个宗教解释被人们所接受。斯巴达在阿尔戈斯蒙受巨大损失后，这里出现了一次起义，可能是要求将阿尔戈斯边民纳入公民范畴，但阿尔戈斯对斯巴达的敌意一直没有改变。

大概在公元前 493/2 年，波斯国王大流士逼迫希腊人称臣，[12] 从而引发了一系列复杂情况，有的城邦屈服了，如萨罗尼科湾的埃伊纳岛。雅典和斯巴达则断然拒绝，雅典向斯巴达求援，克莱奥美奈斯应承，但遭到德玛拉图斯的又一次反对，于是他贿赂特尔斐神谕证实德玛拉图斯是私生子的谣言，顺势将其废黜，另立自己的远亲列奥提西达斯二世，后者唯他是从。不久克莱奥美奈斯阴谋败露，被赶出城邦，其先在流放期间煽动阿卡迪亚人攻打斯巴达；后来又受人教唆回城，据说最后精神错乱被关了起来，公元前491/490年自杀身亡。希罗多德对他的记载没有好感，认为他精神错乱，在位时间也短（后者显然不确作）。[13]克莱奥美奈斯自认为其对斯巴达的发展以及在希腊世界的霸权至关重要，实际上他并没有做到：既没有推翻克里斯提尼在雅典的执政地位，也没有收服阿尔戈斯。

波斯战争时期，斯巴达在公元前490年迟迟没有派兵援助雅典，但仍在公元前480～前479年成为希腊人的首领，带领抗击波斯。克莱奥美奈斯同父异母的弟弟李奥尼达后来继承王位，死于公元前480年的温泉关战役，虽败犹荣，后世人们认为这是一次成功的战役，对这段英雄式插曲始终津津乐道。[14]

雅　典

雅典人自称是阿提卡原住民的后代，血统纯正。尽管无从取证，实际上从迈锡尼文明到古风时代，整个黑暗年代，阿提卡的其他遗址人迹鲜至，而雅典城邦一直有人居住，所以希腊人从本土穿过雅典迁徙到爱琴海和小亚细亚的说辞确实有可信之处。梭伦执政时期雅典就一直声称是爱奥尼亚的母邦。[15]公元前10世纪~前8世纪，希腊经过黑暗年代的低谷，逐渐发展成熟，雅典是最强大的城邦之一，大量出产原型几何和几何图形的陶器。雅典收复了阿提卡的乡村，于是，公元前8世纪和公元前7世纪，雅典与斯巴达一样不必再扩展海外殖民地。可是这段时期雅典似乎掉队了，科林斯的彩绘陶后来居上。[16]考古发现指出公元前7世纪雅典发生了巨变，但是缺乏其他进一步解析的证据。

就算雅典的确有过国王，国王的政治地位也被降格；公元前7世纪末，从贵族家庭中每年选任9名执政官，前三者依次称为"名年执政官"（archon）、"王者执政官"（basileus，巴赛勒斯）和"军事长官"（polem-archos）。一年任满之后，他们将终生担任战神山议事会成员（得名于集会地点，卫城西北部的战神山）。

公元前4世纪亚里士多德学派创作的《雅典政制》，除开头几页讲述雅典早期历史神话的部分外，整本记载都流传下来。普鲁塔克也曾给梭伦立传，这两部作品的重合部分都借用了早期关于梭伦的创作和半个世纪以前的作品。那些作品保存了梭伦的诗，诗中有部分提及雅典事务和法律文本。虽然他留下了较多可考史料，但我们的资料可能过于相信梭伦法律中的每个条款都背离传统。

雅典历史中首先可以确认的就是公元前6世纪30或20年代库伦谋取僭主之位。此人出身名门，公元前640年在奥林匹克竞赛中夺冠，后来娶迈加拉僭主塞阿戈奈斯的女儿为妻。[17]他虽然有德尔斐神谕和迈加拉的军队相助，但是在雅典没有太多拥趸，占领卫城的意图无法成功实施。夺权失败后他的追随者纷纷逃至神庙祈求"神"的庇护，执政官们承诺保证他们的人身安全，哄他们出来，结果却违背诺言把他们处死，人们把这次事变归咎于现任执政官——阿尔克迈翁家族的迈加克勒斯。雅典人对这件事怨声载道，最终导致阿尔克迈翁家族背上了"被诅咒者"的罪名，每次党争都被对手借来攻击他们，直到公元前 5 世纪后半叶伯里克利当政时期才改变。[18]

公元前 621/0 年，德拉古在雅典颁布了第一部成文法，其中包括关于杀人罪的内容。可能他并不是修改法律的人，只是记录了现行法律实践；他的法律没有刻意界定官员的职责，但成文法在库伦夺权之事后如此迅速面世，也不能说两者毫无干系。人们的普遍印象是德拉古法典尤其严苛（英语中 draconian 一词就源于此），刑罚不设上限，这可能是当时的典型措施；但后来梭伦法典取代德拉古法典，对刑罚做了限定。

库伦之后人们的不满情绪渐涨，梭伦法典恰好抚平了当时的两大主要矛盾。有一种叫"六一农"的农奴阶级，他们不是耕地的直接拥有者，收成的六分之一所得要当作租金交纳给地主，若农奴不能偿付债务，就会被剥夺土地并卖掉为奴。随着经济流动加快，一些新贵财富不断积累，匹敌传统贵族，开始挑战后者对政治事务的垄断。

梭伦写了一些诗评价雅典政治，公元前 594/3 年他当选执政官，肩负进行改革的特殊任务。执政官必须来自传统上层阶级，不过我们现有的信息指出梭伦属于中间阶级，这倒与他平衡特权阶级和被剥削阶级的企图相吻合。梭伦的解负令没有解除"六一农"的所有负债，而是取消了以土地或自由为抵押的所有债务，让他们成为耕地的绝对主人（但也没有进一步没收富人所有的土地），并禁止将负债的人变为奴隶（但并没有废除债务还清以前奴隶对地主的依附关系）。其他经济举措还有禁止出口除橄榄油以外的农产品，鼓励人们进口其他商品，雅典开始从满足于自给自足向发挥自身优势转变。梭伦在容积、重量和币制的度量衡方面也有所成：也许他确实立法规定了当时重量和容量的使用；雅典虽然还没有币制，货币引入以后，便开始用银的重量给银币命名，后来希腊人认为德拉克马（drachma，古希腊银币，欧元之前希腊的货币单位）等度量衡都和银币有关。

政治上，梭伦将雅典人分成四个等级（可能将最高等级和其他必须服兵役的三种区别开了），规定以后政治权利完全基于人们的等级，不再根据家族出身来规定。执政官通过抽签从最终候选人名单里选出（这可以提高新贵家族当选的机会）；由于在将来的一段时间里战神山议事会仍然掌控在传统贵族手中，他新创四百人议事会，为公民大会事项做准备；就像在斯巴达一样，要保证议事会定期举行。他建立了一套新的法律体系，补充了德拉古法典除杀人罪以外的部分（查漏补缺而不是全盘推翻）；区分了私人诉讼，只有受害者一方及家人可以参加，新创了公共诉讼，任何有地位的公民均可参加（政府起诉在雅典鲜少出现），对某个官员的裁决不满有权向陪审团上诉。他虽不是"民主主义"者，也还是希望人们追随领导者，[19] 但通过赋予公民自由和土地，冲击了贵族对政治的垄断，事实上为"民主政治"打下了基础。

从梭伦的诗歌可以看出，他本可以成为僭主却没有这样做，他尽量公平对待特权阶级和被剥削阶级，只是结果让双方都不满意。[20] 接下来的几年里，执政官执政时受到贵族阶层的抗拒，问题不断；在一定程度上，禁止债务奴隶也会使那些真正需要借债的人借不到钱。居住在不同地区的人也出现了新的问题，产生了帮派争斗：由莱库古（与斯巴达的莱库古没有关系）领导的"平原派"占据雅典城周围平原，由迈加克勒斯（反对库伦的迈加克勒斯之孙）领导的"海滨派"一直延伸到苏尼昂海角，而来自阿提卡东海岸的庇西特拉图，领导"山地派"。草率地把这些派别解释为政治、经济范畴可能是错误的，可是莱库古领导的"平原派"贵族人数最多；庇西特拉图领导的"山地派"来自阿提卡东部等地，不满之声最重；迈加克勒斯的"海滨派"则随机应变，在两派之间左右逢源。庇西特拉图经过三次努力，才成功地建立起僭主政治（公元前 561/0 年、公元前 556 年和公元前 546/5 年）。公元前 528/7 年，庇西特拉图去世，长子希庇阿斯和次子希帕尔库斯继位（僭主并不是由一个人所担任的职位，更像是由两人领头的家族统治，因而，希庇阿斯纵然是长兄，也不一定是唯一的那个"僭主"）。

与其他僭主一样，庇西特拉图最初甚得民心，据说他与已有的机构共商国是，没有专制独裁；有些贵族家族的成员也被说服，默认他的统治，并在他治下担任公职（他同意直接选举执政官，但无疑要依靠公民大会来推选出符合他意的候选人）。庇西特拉图剥夺反对者的土地，赠予支持者；对农产品征税（这是有问题的，人们认为僭主征税是为了丰富僭主私库），对穷困农民发放补贴。同样地，他为城邦颂赞歌，吹捧自己的家族，许多诗人慕名来到他的宫廷；他还在雅典卫城等地大兴土木（开始在卫城东南部的奥林匹亚山上修建巨大的宙斯神庙，直到公元 2 世纪罗马皇帝哈德良最终建成）；规定泛雅典娜节[21]每四年举行一次，酒神（狄奥尼索斯）节据说也是在他在位时期引入雅典。庇西特拉图由于同德尔斐的阿波罗神庙关系不和，便将埋葬在提洛岛阿波罗神庙的可视范围内的坟墓迁移别处，声称这样可以"净化"该岛，后来雅典人纷纷来提洛岛朝圣。庇西特拉图的统治产生了集中效应，更大范围上团结了阿提卡。僭主常驻雅典，那么权力也集中在雅典；僭主统治本来就不利于其他贵族，尤其是庇西特拉图任命巡回治安法官来处理地方争端，这使得地方贵族的权力也受到侵蚀。

公元前 6 世纪，雅典经过一段时间的孤立之后再次崛起，称霸希腊世界，又一次成为彩绘陶器制造的领军者：公元前 6 世纪初的"黑花式"（以红色做底，绘以黑色形象）；公元前 525 年开始的"红花式"（以手绘黑色为底）。我们无法确切得知是否在庇西特拉图当权时，雅典发行了第一批货币。庇西特拉图来自阿提卡东部，这里矿产丰富，据说他在第二、三次政变期间获得色雷斯的银矿开采权。可能是在希庇阿斯和希帕尔库斯执政时期，钱币由多种形式统一为猫头鹰币。萨拉米斯岛离雅典与迈加拉都很近，约公元前 600 年，双方开始争夺这一岛屿的归属权，最后在公元前 500 年，斯巴达仲裁者将萨拉米斯岛划分给了雅典，后来对雅典贸易和海军影响深远。同时雅典动摇了莱斯沃斯对赫勒斯滂海峡旁西格乌姆的掌控，对黑海贸易表示出更大的兴趣；[22] 这一阶段，科林斯僭主佩里安德在仲裁时偏袒雅典，西格乌姆再次被庇西特拉图纳入囊中。公元前 5 世纪 90 年代，第一次神圣战争期间，[23] 雅典此时当政的是迈加克勒斯之子阿尔克迈翁，他反对梭伦，和其他城邦一样，站在胜利一方的色萨利阵营里。庇西特拉图第三次政变得到了希腊各地的帮助，包括阿尔戈斯、埃雷特里亚、底比斯、色萨利、纳克索斯的吕戈达米斯，[24] 他后来报答了吕戈达米斯，帮助他成为纳克索斯的僭主。米泰亚德出生于雅典贵族家庭，受邀前去管理赫勒斯滂海峡北边刻尔尼苏斯半岛（加利波利半岛）的殖民地色雷斯，因而加强了雅典对西格乌姆的控制。公元前 519 年，雅典支持普拉提亚抗击底比斯，从而与底比斯交恶。[25]

后来的希腊学者认为，雅典在庇西特拉图治下进入黄金年代，随后便步入衰落，衰落开始的时间要看学者们如何描述这位僭主落幕。公元前 514/3 年的大泛雅典娜节，摩狄奥斯和阿里斯托革顿合谋行刺僭主希帕尔库斯，修西底斯一方面认为行刺毫无预兆，纯粹出于私人原因，一方面也在他的书中暗示了对僭主的不满情绪。[26] 希庇阿斯逃过一劫，从此怀恨在心。第三次政变后被驱逐的阿尔克迈翁家族被驱逐回到雅典，现在又一次和其他家族一起被迫离开城邦。他们先在阿提卡和维奥蒂亚之间的山区霸占了一处要塞，但又被赶了出来。从第二次神圣战争起，阿尔克迈翁家族一直同德尔斐关系密切，公元前 548/7 年阿波罗神庙烧毁之后，他们获得了重建神庙的合约，后来果真遵守承诺，且重建的神庙更为富丽堂皇；作为交换，他们说服神谕暗示斯巴达将解放雅典，公元前 511/0 年，国王克莱奥美奈斯果然率军出征雅典。希庇阿斯步步后撤，先是到了西格乌姆，接着到了赫勒斯滂海峡亚洲一侧的兰普萨库斯（这里的僭主娶了希庇阿斯女儿），一直退到波斯。

雅典僭主统治结束后留下了政治空白，这时候出现了两个夺权者：阿尔克迈翁家族的克里斯提尼（公元前 525/4 年担任执政官）以及来自阿提卡北部的伊萨戈拉斯。一开始伊萨戈拉斯占上风，在公元前 508/7 年当选执政官，后来克里斯提尼提议改革，很快赢得民心。在希庇阿斯被驱逐期间，伊萨戈拉斯与克莱奥美奈斯建立了关系，推测克里斯提尼怀有成为僭主的企图，怂恿斯巴达再次插手雅典内政。于是克里斯提尼及其拥趸退居守势。然而四百人议事会反对之声浩荡，要挟要解散议会，克莱奥美奈斯和伊萨戈拉斯被包围在了雅典卫城，这一次轮到了他们撤兵。克里斯提尼官复原职，开始着手改革。

改革核心在于建立新的公民主体，类似僭主政治后的斯巴达莱库古和科林斯。[27] 虽然 4 个古老的氏族部落和胞族[28] 保留下来，但根据地区重新组织了部落（后来变为世袭）作为雅典人政治生活的基础。过去 139 个地理单元变为"德莫"（demos，平民的特殊形式），然后组建 30 个"三一区"（trittye），平原、海滨和山区各有 10 个（不同于庇西特拉图时期的 3 个地区）。3 个地区各出一个"三一区"构成一个部落，这样就形成了 10 个部落。德莫是自然居住区，"三一区"一般是自然形成的单位，但不排除特殊情况下某个"三一区"里的平民天南地北，从无联系。其次，梭伦的四百人议事会扩展为五百人，单个德莫作为选区，每个部落选

50 人参加；将军和其他政府官员共 10 人，从每个部落选出一人参加；原来的 9 名执政官现在也变为 10 名，新添了一名书记员，也从部落中任命。

我们还不能马上明白为什么克里斯提尼设立这个公民主体后会那么深得人心：最可能的原因就是他反对贵族政治在地方的绝对权威，在城邦政府之外，为雅典人设立了地方政府；还有，他打破了等级界限，[29] 延续了阿提卡的团结，另辟蹊径创立"三一区"，表明他尤其热衷于打破旧的关系，这些旧关系尤其受到宗教中心影响（例如阿提卡东北部，伊萨戈拉斯的根据地）。阿尔克迈翁家族在传统关系中地位很高，可是它也必须在新的体制下，赢得一席之地。建立新的"民主制"需要假以时日，可能直到公元前 501/0 年新制度才卓有成效地实施起来。

僭主政治的终结大快人心，带有"ios"词根（有平等、公平的含义）的词语随之衍生出来；不过克里斯提尼认为他提供的是"isotes"（平等），更多更广。可能他设想的仍是贵族政治，新晋贵族成员在雅典政治中发挥积极作用；但是阿尔克迈翁家族在旧制度下地位低下，在新的制度下却飞黄腾达。这种新体系，需要大量民众参与各种公民会议，担任各个等级的公务员；不管这是否为克里斯提尼的本意，实际上雅典人非常喜欢，随着时间的推移期望越来越多的公民参与。[30]

克里斯提尼还发明了一项制度——陶片放逐法，实施过程如下：每年雅典公民都会举行一次投票，决定是否将其中一名男子放逐 10 年，他们把想要赶走的人的名字写在一块陶片上，有时也会加上一些评论（或者请人代写，但该制度预先假设雅典平民有一定读写能力）；如果投票人数超过 6000，那么得票最多者就不得不背井离乡。文献表明设计这一制度是为了预防僭主政治，但僭主很可能反其道而行，保证其他人得到更多的票数。更有可能的是，它为解决像克里斯提尼和伊萨戈拉斯之间的那种敌对状态提供了一种相对温和的方式，除了最初几次外，这种制度还是达成了初衷（参看下文）。

斯巴达的克莱奥美奈斯并没有对他的反对者听之任之。约公元前 509 年，他打算重立伊萨戈拉斯，于是联合伯罗奔尼撒人、维奥蒂亚人和埃维亚岛的哈尔基斯人，兵分三路，发动了一场袭击，结果伯罗奔尼撒军队发生内讧，实力大减，雅典一举攻破维奥蒂亚人和哈尔基斯人。约公元前 504 年，克莱奥美奈斯又企图帮助希庇阿斯复位，但是科林斯带头极力反对。[31] 面对强敌斯巴达，雅典求助波斯，后者要求雅典宣布公开臣服，雅典受到了伤害，转而指责波斯藏匿前僭主希庇阿斯。

公元前 499 年，雅典声称其是爱奥尼亚的母邦，[32] 开始反对波斯，并同意帮助爱奥尼亚起义者抗击波斯，而斯巴达对这次起义不肯提供帮助。[33] 公元前 498 年，雅典提供了巨大的帮助，派出 20 艘船投入战事，但随后撤回：雅典政策的转变可能有很多解释，还不能妄下定论。公元前 494/3 年，爱奥尼亚起义失败，雅典继续（也可能是再一次）反对波斯。公元前 493/2 年，地米斯托克利担任执政官，开始在比雷埃夫斯建设海港。同年弗里尼克斯创作了一部悲剧作品，讲述波斯人占据米利都，这让雅典人无不黯然伤神；悲剧也讲述了米泰亚德在远征帕罗斯失利遭到指控后来被无罪释放的故事（米泰亚德之侄先是去了刻尔尼苏斯半岛；在爱奥尼亚起义结束后回到雅典，呼吁反击波斯），但雅典人并不关心色雷斯的政治体制，米泰亚德的仇敌认为他曾在刻尔尼苏斯的统治就是庇西特拉图权力的残余影响。

也许在同年，雅典和斯巴达拒绝了波斯提出的归顺要求。埃伊纳岛同雅典战火绵延数年，雅典向斯巴达国王克莱奥美奈斯求援。克莱奥美奈斯得到另一位国王投诚后，[34] 扣留了埃伊纳的人质送去雅典；克莱奥美奈斯死后，埃伊纳人要求归还人质。雅典与埃伊纳的战争期间，一名有异心的埃伊纳人谋划叛国投靠敌方，结果科林斯派来的援军船只姗姗来迟，雅典错过时机；后来雅典打赢第一场海战，而埃伊纳赢得了第二场。

公元前 490 年及公元前 480～前 479 年，波斯入侵的详情参见第 3 章。公元前 490 年的波斯入侵特别针对雅典和埃雷特里亚，是为了报复它们插手爱奥尼亚起义：雅典只得到邻邦普拉提亚的援助（斯巴达来得太晚），但在米泰亚德的带领下取得了马拉松战役的胜利。波斯随军而来的有年老的希庇阿斯人和一些雅典人（包括阿尔克迈翁家族等），这些雅典人具有与波斯人结盟的嫌疑。公元前 488/7 年雅典开始实施陶片放逐法。公元前 490 年，第一批有不忠嫌疑但缺乏实证的受到政治迫害的人依次是：希庇阿斯之孙希帕尔库斯、阿尔克迈翁家族的迈加克勒斯（现存陶片表明公元前 480 年阿尔克迈翁家族的其他成员也有得票）和一位不知名的受害者。公元前 483/4 和公元前 483/2 年受迫害的是雅典政治三角角逐中的落败者（而地米斯托克利是胜利者）：克桑提普斯，他的妻子（伯里克利之母）来自阿尔克迈翁家族，《雅典政制》认为他有别于前三人；[35] "正义者"亚里斯泰德（他的称号与地米斯托克利的诡计多端形成对比）。与此同时，公元前487/6年，雅典恢复了梭伦任命执政官的方法——从最终候选人名单里抽签选出：这一转变背后的推手和原因不得而知（许多现代学者认为是地米斯托克利），但执政官逐渐成为常设官员，政治重要性（选举产生且可以续任的）被十将军取代，这仅是其中一步。公元前483/2年，雅典的一座银矿开发非常成功，在地米斯托克利巧言劝阻下，公民大会没有将收益分给公民，而是组建了一支新型三层划桨舰队（希腊其他地方有过先例），到了公元前480年雅典舰船数量达200艘。同年亚里斯泰德被放逐，但哪一件事更早发生不确定，也没有证据表明亚里斯泰德反对这项计划。

公元前480～前479年，斯巴达领导希腊人抵御波斯入侵时，希腊舰队一半以上都是由雅典提供。公元前480年，地米斯托克利指挥雅典人在萨拉米斯海战中一举击溃波斯海军，扭转战局。公元前479年，地米斯托克利已经默默无闻，放逐中的亚里斯泰德和克桑提普斯被召回城邦，分别担任雅典陆军和海军将领：可能雅典人认为应当给他们一次机会。在这次战争中，雅典人一时间不得不弃城而去，波斯人把雅典洗劫一空，但雅典人最终打败波斯，涅槃重生，公民体制开展得如火如荼，各种成就非凡。

第3章
希腊以及近东王国

希波战争

希罗多德的《历史》一书记载了希腊同小亚细亚的纷争，双方矛盾在公元前490年爱奥尼亚起义和第一次、第二次希波战争期间达到顶点；他从第五卷开始讲述公元前499年往后的历史。[1]虽然近东没有史书记载，但有各类文本流传下来，包括国王们对自己的歌功颂德和波斯波利斯出土的记载行政细节的泥版。[2]

希腊人生活在小亚细亚的爱琴海岸，而非希腊人定居小亚细亚的其他区域。卡里安人生活在西南角，希腊化程度较高，他们的历史与小亚细亚希腊人有着密切联系。公元前两千年末，弗里吉亚人占据小亚细亚内陆，建都戈尔迪乌姆，在现代安卡拉的西南方向。公元前8世纪末，米达斯国王（不是神话传说中的驴耳朵国王和点石成金的人）娶希腊女子为妻，向德尔斐神庙献祭。公元前7世纪前半叶，离爱琴海更近的吕底亚人取代弗里吉亚人，其都城位于萨迪斯，士麦那向内陆约55英里（90公里）。基格斯建立新吕底亚王国，[3] 在他和继任者统治时期，小亚细亚希腊人地位下降，处于从属地位，但仍向德尔斐等希腊神庙献祭，大约公元前 6 世纪初，吕底亚人率先发行货币。[4]

再往东就是亚述帝国（为了与公元前 1000 年初期和末期的政权区别开，也称"新亚述"），在公元前 1000 年的前几百年势力强大，都城尼尼微位于底格里斯河，伊拉克北部靠近曼苏尔附近。往南是巴比伦王国，位于幼发拉底河河岸，靠近伊拉克的阿尔希拉勒，公元前 8 世纪后半叶被亚述人征服。亚述东南方向是米底王国，公元前 7 世纪统一然后崛起，都城埃克巴坦那（伊朗西部的哈马丹）；巴比伦王国东面是埃兰王国，都城苏萨，位于伊朗西部；波斯位于波斯湾往东的山区，都城安善，是埃兰属国。

公元前 7 世纪前半期，亚述王国仍然势力强大，将苏萨夷为平地（公元前 646 年）；到了世纪末，米底与复兴的巴比伦（新巴比伦王国）一起推翻了亚述，都城尼尼微也在公元前 612 年被毁。埃兰的其他部分可能并入了巴比伦，波斯分离出去。公元前 6 世纪 90 年代和 80 年代，巴比伦和埃及争夺地中海沿岸，巴比伦崛起，通过分批驱逐赶走了犹太人（公元前 587 年耶路撒冷被毁）。在居鲁士二世（公元前 559~前 530 年）的统治下，波斯逐渐强盛：希罗多德将其描述为反感波斯的米底人的附庸，但从其他史料来看并非如此；他可能同米底王室有血缘关系，实际上却是埃兰人出身。居鲁士二世与巴比伦国王那波尼德联合反击米底国王阿斯提阿格斯的入侵，米底指挥官哈尔帕古斯叛逃，联军在公元前 550/49 年取胜；公元前 539/8 年，居鲁士二世夺取巴比伦。波斯人普遍尊重地方宗教，居鲁士在这里恢复了之前被那波尼德中断的传统宗教，开始允许被驱逐的犹太人回国（可能是为了构建预防埃及入侵的堡垒）。

米底王国灭亡后留下了权力真空，引得居鲁士和吕底亚国王克诺索斯蠢蠢欲动起来。公元前 560 年克诺索斯即位，并与巴比伦和埃及结盟。据说他曾求取德尔斐神谕，得知须同最强大的希腊城邦结盟（他认为指的是斯巴达），一旦跨过哈吕斯河（这条河发源于安纳托利亚高原，自北流入黑海），就将摧毁一个强大的帝国。克诺索斯依照神谕行事，约公元前 546 年领军东进，居鲁士往北行军和他交战。结果战争未分胜负，克诺索斯撤回萨迪斯过冬，并号召盟军来年春天支援，不料居鲁士尾随其后，击败吕底亚人攻破城邦：神谕的确不假，只不过克诺索斯摧毁的是自己的国家。传闻克诺索斯险些被活活烧死，在最后一刻得救：既然巴比伦陷落时那波尼德能活下来，他也可以。

随后沿海希腊城邦纷纷落入波斯之手，斯巴达象征性地派了一只船前去探测，警告波斯人不要滥杀无辜，不过仅此而已；[5] 部分希腊人逃去其他殖民地。希腊本土附近的萨摩斯和其他岛屿城邦被迫象征性地投降，他们既不曾屈服于吕底亚人，现在也没有真正归顺于波斯人。

公元前 530 年，居鲁士在东北边境的战事中死去，他的儿子冈比西斯继位。波斯海军先是控制了腓尼基海岸和塞浦路斯，公元前 525 年，冈比西斯征服埃及，先后向西远征昔兰尼，向南出兵埃塞俄比亚，但是无法有效地控制这些地方。公元前 522 年，冈比西斯的统治受到挑战，有人自称是他亲兄弟（有可能真是）企图夺权，不过后来传闻冈比西斯早就秘密将自己的兄弟杀死，此人是冒名顶替。冈比西斯在从埃及回国的路上去世，大流士一世（冈比西斯在埃及的长矛手）联合其他六位贵族，发动反政变杀死夺权者，成为下一任波斯皇帝。希罗多德坚信七贤曾经就民主政治、寡头政治和君主政体发生过争论，[6] 但实际上它发生在希罗多德自己所处时代的希腊世界，也只讨论了由谁担任下一任波斯皇帝这个问题。这次变动引发多起叛乱，大流士在比索通峭壁的铭文里写出了他的故事版本，并夸耀他们平叛的功绩。[7] 他宣传自己来自于阿契美尼德家族的另一个分支：这不一定真实，但他同居鲁士、冈比西斯家族以及他麾下的谋士结下姻亲，从那时起这些家族和他自己的家族成员开始包揽大权。

大流士极为重视信奉阿胡拉·马兹达，旧波斯铭文可能就是为他创造的；[8] 大流士先是在巴萨加尔代修缮安善附近居鲁士未完成的一座宫殿，随后自己陆续在波斯波利斯和苏萨（希腊学者一般认为是波斯都城）另建新宫。他优化帝国组织结构，将全国划分为若干军区，各军区下辖若干行省（设立总督管理行省）。同迈锡尼的 B 类线形文字碑刻一样，波斯波利斯保留下来的泥版也有记载，留传下来的文字表明：希腊人有的在大流士宫殿里做工匠，有的跻身统治阶级，如成为大臣等。希腊世界里，大流士又一次统治了小亚细亚海岸周边的岛屿城邦。公元前 522 年，吕底亚总督奥瑞忒斯谋杀了萨摩斯僭主波吕克拉泰斯；他企图脱离波斯独立，被大流士派人刺杀；波吕克拉泰斯的弟弟叙罗松最终在波斯人的扶植下统治萨摩斯岛，[9]不久阿依阿凯斯子承父位，掌握权力。没过多久，希俄斯和莱斯沃斯同样被迫臣服；大流士继续效法萨摩斯，通过扶植傀儡僭主逐步掌控了希腊城邦。

希腊人倾向于将世界分为欧洲和亚洲两大部分，欧洲是希腊人的领土，亚洲则属于波斯。波斯第一次大举入侵欧洲是在公元前 514 年，但并不是针对希腊，而是为了多瑙河北面的斯基泰：这个帝国北部的所有居民都被认为是斯基泰人；东部斯基泰人起义是大流士在比索通铭文中记载的最后一次叛乱，[10]希罗多德可能将公元前 514 年这次远征同早些时候里海西北部的远征混淆了。刻尔尼苏斯及拜占庭这时候已经加入波斯帝国的版图。大流士从苏萨出兵，将小亚细亚希腊人包括岛民都征入军队，一名萨摩斯人献计搭建一座船桥，渡过博斯普鲁斯海峡，等抵达多瑙河，再由希腊人在那儿修筑一座真正的桥。他在多瑙河彼岸乘兴而来，最终却战败了。希罗多德听到的版本是大流士告诉希腊军队，如果 60 天之内他没有赶回来，他们可以自由离开；他果真没能及时赶回来，于是斯基泰人怂恿希腊人断桥离去。来自刻尔尼苏斯的雅典人米泰亚德[11]决定照办；可是米利都僭主希斯提埃伊欧斯反对，他认为僭主们得势都归功于波斯的支持；最后桥只是些微损坏，波斯人来的时候还能渡河。[12]如果说斯基泰人怂恿这事有可能真实，那么希腊人没有将大流士滞留在多瑙河北岸确定真实。

大流士回到亚洲，命令麦加巴左斯留下征服色雷斯；为了嘉奖希斯提埃伊欧斯的忠心，将安菲波利斯附近色雷斯的米尔金努斯赏赐给他建立殖民地。麦加巴左斯将马其顿北境的众多派奥尼亚人赶去亚洲，获得了马其顿国王阿敏塔斯表面上的臣服；但他不相信希斯提埃伊欧斯，在回亚洲的路上劝说大流士将希斯提埃伊欧斯召回并带去苏萨。很快斯基泰士兵突击来到刻尔尼苏斯半岛，波斯人刚刚在欧洲攻下的一切都成了过眼云烟。

　　波斯人此前一直没有表示出任何深入希腊世界的想法。据希罗多德记载，有一位来自意大利的希腊医生名叫德莫塞德斯，他先借大流士的妻子之口劝大流士放弃斯基泰，进攻希腊，然后利用勘查远征的方式回国。[13] 公元前 499 年，一群来自基克拉泽斯最大岛屿纳克索斯的富人遭到驱逐，他们向米利都僭主阿里斯塔哥拉斯求助（希斯提埃伊欧斯的后一任），阿里斯塔哥拉斯趁机同波斯驻萨迪斯总督阿塔弗尼斯合谋袭击纳克索斯，并说服大流士派遣指挥官，进攻纳克索斯，结果纳克索斯岛人得知了消息，进攻失败。阿里斯塔哥拉斯预计要受到责难，又因为希斯提埃伊欧斯也得到消息（大流士已经驱逐派奥尼亚人，很可能也会要赶走爱奥尼亚人），于是便起兵反抗波斯，这就是后来的爱奥尼亚起义。他辞去僭主之位，并安排免除其他僭主（但保留了某些指挥权），接着来到希腊求助，先是被斯巴达拒绝，后来雅典支援了 20 艘战船，埃维亚岛的埃雷特里亚也贡献了 5 艘。[14] 虽然希罗多德重点描述了阿里斯塔哥拉斯和希斯提埃伊欧斯，但是我们需要知道米利都臣服于波斯半个世纪，现在发动叛乱，爱奥尼亚人为什么选择相信他们。随着人们日益不满僭主统治，希腊世界其他地方的僭主纷纷倒台；斯基泰远征及其结果证明波斯并非不可战胜；人们害怕遭到放逐（不管是否理由充分），这种真正的恐惧情绪已经被唤醒。

公元前 498 年，人们开始行动，进攻萨迪斯，但希腊人退回海岸时受到追击而战败，雅典人于是撤回。[15] 公元前 497 年，起义蔓延至北面的拜占庭和南面的塞浦路斯（数百年来位于希腊世界和小亚细亚世界之间，就像现在一样），但是波斯没有将大军留在各省以便及时调派军队回头反击。公元前 496 年，阿里斯塔哥拉斯前往色雷斯的米尔金努斯观察战况，也许他想观察事态发展，好与最后的赢家达成协议，不幸在同色雷斯人的一次战役中身亡。公元前 495 年，波斯打算大举进攻米利都，爱奥尼亚人想把战争引到海上，却在拉德岛附近的战斗中败北；公元前 494 年，米利都陷落，米利都人被俘并被送往波斯湾。次年，波斯再次征服这里。

与此同时，希斯提埃伊欧斯说服大流士将自己派去爱奥尼亚。他首先来到萨迪斯，没有得到阿塔弗尼斯的信任；于是转投希俄斯的希腊人，打算在米利都恢复原职，但没有成功。希斯提埃伊欧斯离开拜占庭，回到爱琴海，从色雷斯海岸出发前往萨索斯岛；公元前 493 年，波斯镇压爱奥尼亚起义，他前往莱斯沃斯岛，漂洋过海来到大陆，这里的波斯人将他抓获，把他的头献给了大流士。似乎可以断定，大流士虽然信任希斯提埃伊欧斯，但大流士的下属则不然；一旦被阿塔弗尼斯拒绝，他一生的所作所为看起来就是一系列机会主义的举措，他最终做出了错误的判断。

虽然希罗多德认为爱奥尼亚起义是一场灾难，但阿塔弗尼斯在公元前 493 年的殖民统治并不苛刻（包括重新设定各城邦贡品），而且公元前 492 年波斯将领马尔多尼乌斯取缔各城邦的僭主政治，代之以君主立宪政府（不过之后僭主政治也出现过死灰复燃）。约公元前 493/2 年，大流士发布命令，要求希腊城邦臣服。他的目光现在锁住了希腊，想要惩治雅典和埃雷特里亚，因为他们支持爱奥尼亚起义。除雅典和斯巴达外，许多城邦都屈服了。[16] 马尔多尼乌斯携海陆大军拿下色雷斯，随后马其顿、萨索斯及沿海城邦都一一臣服。马尔多尼乌斯本打算走陆路进入希腊，也可能是为以后的远征做准备，但是舰队在阿索斯海角失事，军队也在战争中遭受重创，他不得不撤离。公元前 491 年，有传闻说萨索斯岛发生起义，在波斯最后通牒下平息下来。

公元前 490 年，波斯讨伐希腊城邦，特别是雅典和埃雷特里亚。波斯军队的指挥官是达提斯（米底人，这很少见，曾参与爱奥尼亚平叛）和阿塔弗尼斯（萨迪斯总督之子），这次走海路穿过基克拉泽斯群岛。他们将纳克索斯（公元前 499 年波斯人在此战败）付之一炬，俘虏当地居民做奴隶；提洛岛的居民提前逃走，城市未遭破坏。波斯在沿途岛屿征召士兵，扣押人质。埃维亚岛南端的卡里斯托斯一开始拒绝投降，后来遭到围困不得不屈服。埃雷特里亚公民被分割开来，遭到围攻仍然坚守，直到有人勾结波斯人叛变，城池最终陷落，神庙焚毁，居民也降为奴隶。

波斯将目光投向雅典，在阿提卡东北面的马拉松平原登陆：这里离埃雷特里亚很近，前雅典僭主希庇阿斯随行，他的家族就来自阿提卡东部；[17] 在这里等待雅典人叛变再适合不过了，波斯军队于是驻扎在平原东北端。在军事执政官和十将军（现在是有实

权的指挥官）的带领下，雅典全军都开往马拉松平原，其中一位
将军就是米泰亚德，他在爱奥尼亚起义结束后回到雅典。[18] 雅典军
队驻扎在离城约 25 英里（40 千米）的平原西南部，守卫通往城邦
的路。希罗多德这里谈到雅典将军之间的分歧实际上就是先前有
关前往马拉松迎战还是就地守城的争论。邻邦普拉提亚伸出援手。
另外送信人带回消息，斯巴达承诺会派兵前来，但是要等敬献阿
波罗的卡尼亚节之后，这样做也不是没有理由，因为祭祀的节日
是必须认真对待的大事，而且他们希望雅典能坚守一段时间。

　　可是，不及波斯人等到雅典的叛乱，也不及斯巴达派出援军，
战事就已经打响。可能波斯人觉得等不到雅典叛乱，开始将骑兵
绕道海运到雅典。大多数学者认为战争发生在平原西南部埋葬雅
典死者的索罗斯山附近，这样的话波斯步兵进攻，雅典则进行反
击；一些学者认为战场在平原东北部的沼泽地附近，因为雅典在
这里可以主动出击。雅典人自知兵力不足，因此不惜减弱中路军
的力量，以便和波斯的前军势均力敌，等到敌人攻陷中路，雅典
两翼包抄合围，击败敌人。这场战争波斯一方阵亡人数为 6400，
雅典只有 192 人，这个数据也有可信之处，因为雅典重装备步兵
训练有素，波斯的军队不占优势。

　　波斯军队在马拉松败北之后，绕道航行到雅典海岸附近，但
是他们抵达时可能已经是第二天，雅典军队已经回城严阵以待，
波斯只得撤军。在公元前 4 世纪，人们就开始传颂长跑士兵返回
雅典报捷后便力竭倒地而亡的故事（马拉松长跑起源），不过希罗
多德史书没有记载，也不排除后人杜撰的可能。当时传言阿尔克

迈翁家族成员有人向波斯发送信息，希罗多德也承认确实有人做出示意，但坚决否定阿尔克迈翁家族与此有关，不过他在这一点上并没有充分证据。公元前480年，雅典人投票放逐阿尔克迈翁家族，[19] 显然这一指控应该事关当时。

帕罗斯岛曾为波斯军队提供了一艘船，米泰亚德带领整支雅典舰队袭击报复，围城失败后他受伤回到雅典，被处以巨额罚金，罪名是用无法兑现的承诺欺骗雅典民众（失败政策的制定者常常会受到这一指控），米泰亚德重伤不治离世，其子喀蒙在公元前5世纪70年代和60年代成为雅典的政治领袖，[20] 代父支付罚金。

温 泉 关

波斯人现在更加渴望报仇雪耻，但是帝国地域辽阔，爱琴海只是其中一隅。公元前486年埃及起义；大流士去世，儿子薛西斯继承父位，先在公元前484年初平定埃及的叛乱，接着镇压巴比伦的两次起义，一次在公元前480～前479年，另一次在这以后。公元前485/4年，薛西斯开始准备大规模进攻希腊，并决定御驾亲征，这次波斯打算采纳马尔多尼乌斯在公元前492年提出的陆地路线。准备事项包括：首先在斯特律蒙河建造一座大桥，连接萨索斯岛和卡尔西狄斯的爱琴海，然后在阿索斯地峡修建运河，免得重蹈马尔多尼乌斯覆辙。

尽管希腊人预料到波斯可能再次入侵，促使地米斯托克利提出了组建新雅典海军的计划，[21] 希腊人没有表现出任何不安。直到公元前481年，薛西斯带着波斯陆军登陆萨迪斯，大军压境时，希腊人才紧张起来。主张抵抗的希腊人在斯巴达召开大会，会上推选斯巴达为领导者；希腊内部主要是雅典与埃伊纳之间的纷争得以化解：派密探前往萨迪斯，侦察薛西斯的主力然后汇报消息。向其他缺席的希腊城邦也发出了号召，但没有收到回应：阿尔戈斯拒绝接受斯巴达的领导；[22] 公元前 480 年，西西里岛城邦叙拉古深陷反击迦太基人的战斗之中，自顾不暇；[23] 希腊西海岸的克基拉答应派 60 艘船，却未见任何战船到达；克里特岛远离威胁，置身事外，这时候没有卷入希腊同波斯的恩怨。[24] 这一年冬天薛西斯派遣来使劝降（对象不是雅典和斯巴达，这两个城邦对薛西斯的劝降嗤之以鼻），不清楚的是有多少希腊城邦在波斯大军抵达之前就已投降。

希罗多德认为薛西斯倾举国之力，海陆军队总数超过 260 万，还有同等数量的非战斗人员；可是今天的学者认为陆军人数在 10 万～30 万之间（我们没必要从希罗多德的数据中再推测出一个数字，这样做没有益处）。希罗多德的描述为埃斯库罗斯的剧作《波斯人》提供了一个可能成立的解释：[25] 他认为薛西斯的舰队原有 1200 艘船，但遭遇几次海上风暴后人员减少，其实际数量也比希腊高不了太多。希罗多德对希腊部署在各个战场人数的记载是可信的；但他认为希腊海军有 378 艘船可能是公元前 480 年期间参战船只的总数（埃斯库罗斯认为萨拉米斯战船有 300 或 310 艘）。

双方都需要保持海陆军高度配合。希腊三层桨战船夜间靠岸，需要有友军把守的海岸；但是如果海军在前陆军在后，便会没有可以停靠的海岸；如果海军在后陆军在前，敌方可能从后方登陆。

薛西斯军队庞大笨重，需要一条可行的开阔路线；而希腊军队小巧灵活，在狭窄地域能够以小克大。虽然双方可能会收集一些大致的信息，但他们都没有我们今天所具备的详备地理知识，而且可以肯定的是他们在到达温泉关的小径阿诺佩亚之前，都不知道这条小路的存在。

公元前480年春天，薛西斯从萨迪斯出发，走船桥跨越赫勒斯滂海峡，沿色雷斯海岸来到马其顿（国王亚历山大一世名义上是波斯封臣，但是同情或后来宣称同情希腊）。有些色萨利人向希腊抵挡同盟的春季会议求援，希腊人派出1000人守卫坦佩谷，防范薛西斯穿过这里的关隘进入色萨利腹地。斯巴达国王没有出征，这一年所有的战事都由地米斯托克利带领雅典人作战。几天以后希腊人放弃了坦佩谷，但是他们走得太早，色萨利被分割，而且他们发现薛西斯可能要绕过坦佩谷，走其他路线。此后，色萨利不得不投降臣服。

接下来，希腊决定派军扼守温泉关，这里地形狭长靠海（狭窄程度比今天有过之而无不及），海湾外就是埃维亚岛的西北角，希腊海军守在埃维亚岛北端的阿提米西恩海峡，面朝帕伽萨埃湾。斯巴达国王李奥尼达率领的陆军包括来自伯罗奔尼撒的3000～4000名将士和希腊中部的2000多名将士。希腊人显然认为这支军队短期内可以抵挡一阵，此外奥林匹克竞赛和斯巴达的卡尼亚节马上临近，节庆之后会有更多希腊人参战。希罗多德认为阿提米西恩海峡有280艘希腊战船，雅典人分两批到达（可能是因为没法一次将整支舰队派来）；根据希罗多德的记叙，希腊人刚开战时略显慌张，很快便勇敢投入战斗。

　　大概在 8 月底，两地战火持续了三天，前两天在温泉关希腊人成功阻止了波斯军队，后一天在阿提米西恩海峡希腊人开始小规模活动的时机太迟，无法发展成全面战事。波斯人在温泉关找到了一名向导，带领他们的精锐部队沿着阿诺佩亚小径穿过山区，降临到希腊军队后方。李奥尼达得知有这条小道，立即派附近的腓尼基人防御，结果波斯军队一来，他们就逃之夭夭了。李奥尼达得知自己腹背受敌后，命令大部分守军撤离关口，只留下斯巴达人和维奥蒂亚人（维奥蒂亚城邦落入波斯之手这时已成定局），并身先士卒，血战到底。波斯虽然在阿提米西恩海峡取胜，但也付出惨重代价。温泉关失守的消息传来，希腊舰队没有再死守阿提米西恩海峡的必要，于是盟军当晚撤退。

　　希腊有希望阻止波斯进攻的最佳地点应该是科林斯地峡北部：虽然后来这场战役被描绘成希腊取胜过程中的一段英雄式插曲，但它也是一次重大失利。波斯大军从维奥蒂亚（他们在这个地方，尤其是底比斯，找到了叛徒）开向阿提卡，终于占据并洗劫雅典，大仇得报。阿提卡民众提前疏散，只有少数人不愿离开雅典卫城；希腊海军帮助民众疏散，随后驻扎在萨拉米斯岛；伯罗奔尼撒军队开始在地峡筑防御工事。希罗多德记载了萨拉米斯的几次会议，希腊人想要撤退到伯罗奔尼撒半岛，地米斯托克利反对，理由是如果他们不留下来，就可能会被分散，波斯船只轻易就能穿过地峡。此外，在萨拉米斯希腊人本身就是敌人的目标，而且波斯人没有想到可以兵分两路，一方面留几只船拖住他们，另一方面派其他船只去伯罗奔尼撒。可以肯定战斗最终在 9 月末开始，据说地米斯托克利给薛西斯传递了虚假消息。

有关萨拉米斯海战的史料，除了埃斯库罗斯在公元前 472 年创作的悲剧《波斯人》[26] 以外，还有希罗多德在大约公元前 5 世纪 40～30 年代的记载，综合各个方面情况来看，埃斯库罗斯的版本更为可信。埃斯库罗斯认为地米斯托克利的消息只是为了欺骗波斯人，告诉他们希腊人会趁夜逃走，好让他们在开阔的海面上空等一晚上，到了第二天早上希腊派出战船，引诱疲惫的波斯人进入岛屿与大陆之间的峡湾。希罗多德的版本则是地米斯托克利需要在希腊人逃走前引起战争，波斯人趁夜无声无息潜入峡湾，等待第二天早晨希腊人主动开战。战争一旦打响，两方船只在狭窄的海域里混战，这时候波斯战船机动性更强、战术更精湛的优势却难以发挥。结果希腊获胜，薛西斯带着波斯舰队和大多数的陆军逃回亚洲，只有马尔多尼乌斯带领部分军队留在希腊。

波斯征服雅典的计划落空了。公元前 479 年，伯罗奔尼撒人继续修建科林斯地峡的防御工事（可能没有希罗多德设想的那么难）；夏末，雅典说服斯巴达派摄政王鲍桑尼亚带军北伐；（李奥尼达的兄弟克里奥布罗都斯先接任了王位，他死后由他的儿子鲍桑尼亚替李奥尼达儿子执政，成为斯巴达摄政王）雅典指挥官是亚里斯泰德。[27] 两军对峙在普拉提亚附近，普拉提亚位于波斯在底比斯的大本营和阿提卡与维奥蒂亚之间的山区中间：希腊一方有 4 万余名重装步兵和相当数量的轻装士兵，波斯方面人数旗鼓相当。第一次对阵两方都没有轻举妄动；接着希腊移动到第二个位置，诱导波斯出击，波斯连续几天都没有上当；于是希腊假装撤向普拉提亚（撤退没有希罗多德写的那么混乱无序），波斯终于进攻，结果马尔多尼乌斯战死，希腊取得了决定性的胜利。其余波斯人四散逃出，希腊包围了底比斯。

公元前 479 年，波斯舰队驻军萨摩斯岛，110 艘希腊船舰在另一位斯巴达国王列奥提西达斯的率领下，先驻扎在埃伊纳岛，后在希俄斯的要求下转移到提洛岛。在萨摩斯岛的波斯反对者提出请求，希腊船只就来到萨摩斯岛，波斯人节节败退，撤到了尚有驻军的希腊本土米卡勒海角南边，然后把腓尼基船只带回国。希腊人紧追不放，在陆地上再次大败波斯残军。这大概与普拉提亚战役几近同时或稍后。希腊东部人加入盟军后，他们向北航行，计划毁掉薛西斯在赫勒斯滂海峡建的船桥，意外发现上个冬天风暴已经替他们完成了这个任务。列奥提西达斯、伯罗奔尼撒联军凯旋；预计到雅典将来的活动，克桑提普斯[28]带领的雅典人和希腊东部居民留下来，围困并占领了刻尔尼苏斯半岛的塞斯托斯。

虽然希腊人最开始并不团结一致，但抗击波斯的参战士兵满怀爱国情怀、意志坚定，在希腊人中间形成了高度的团结精神，而薛西斯的军队来自帝国各行省，他们是被迫服役。在军事策略上，希腊地形一点儿也不适合大规模作战，希腊人将战场引到有利地点，人数众多的波斯军队反而无法发挥优势。一方面波斯在船只和海员方面更占优势，却没有机会在开阔的水域发挥出他们的优势；另一方面希腊重装备步兵也比波斯步兵更加能征善战。

但是，波斯人对希腊的侵占远达科林斯地峡。希罗多德认为最为关键的是雅典人就算被迫撤出城邦，也坚定顽强；如果走向波斯人，伯罗奔尼撒半岛恐怕也保不住。[29]

现在我们觉得波斯受此重创后应该不会再次侵犯欧洲；另外，人们也应该想到几年之后波斯会发起第三次希波战争，意图报仇雪恨，但双方谁也不会料到这个时间会在公元前479年末。

A

SHORT HISTORY OF
ANCIENT
GREECE

第二篇

古典时代

（公元前 500 ~ 前 323 年）

第 4 章
伯罗奔尼撒
（公元前 478～前 431 年）

雅典帝国

公元前 5 世纪到公元前 4 世纪是希腊的古典时代。相对而言，我们对古典时期的希腊认识更加充分，因为流传下来的有当时及当时较近时期的叙事，当时各种类型的文学创作，以及越来越多的篆刻在石器和金属上的铭文。这些文字史料大都来自雅典人和在雅典较为活跃的外邦人，当时雅典不仅是希腊的强大城邦之一，而且文化空前繁荣，占主导地位，政治上非常重要，可以说震古烁今。

修昔底德研究伯罗奔尼撒战争史，在其史书《伯罗奔尼撒战争史》的引言中，他有选择地概述了从希波战争结束到伯罗奔尼撒战争爆发近 50 年的历史（即"五十年时期"，得名于修昔底德的一位古代评注者），用来证实自己的观点——战争不可避免的真正原因是雅典势力与日俱增，由此引起斯巴达的恐慌。[1] 后来对这一时期的记载，尤其狄奥多罗斯·西库路斯的史书《历史丛书》

（Ⅺ.38– Ⅻ.32）和普鲁塔克的《传记集》，往往倾向于丰富修昔底德写过的事实，而很少会补充他所遗漏的史实，这些信息是不是可靠也不太清楚。修昔底德史书很少按年代顺序编排，而狄奥多罗斯则恰恰相反，按年代编史（他的希腊历史来源厄弗罗斯的通史也没有按年代编撰）：他通常每年选取一个主要历史事件描述，但根据查证，这些编排并不可靠；[2]可是，他写下的"同年"发生事件的简短注释，似乎来自一个日期表，这些史事应该得到重视。

公元前5世纪出现了西摩尼得斯等作家写下的墓志铭，以及品达等创作的抒情诗，经常用来讴歌大型竞技体育的优胜者。后来主要的诗歌形式是雅典戏剧：悲剧开始于公元前4世纪70年代，主题大都来自过去的神话传说，主要作家有埃斯库罗斯、索福克勒斯和欧里庇得斯；喜剧开始于20年代，扎根当时公共生活，仅仅阿里斯托芬有完整的剧本留存下来。

古典时代，特别是在"民主时期"，从公元前4世纪50年代起，由于实行深思熟虑的政策，雅典的公共事务铭文[3]变得数不胜数。铭文包括城邦之间的协定、法律法规、[4]战争相关条款（诸如赔款纳贡和伤亡名单）以及各类财务记载。由于这些文字由当时的权威机构公布，绝大多数情况下都非常真实，但也不排除政府有所保留的情况（例如有的决策往往没有给出解释，或给出的解释空白无力，也没有迹象表明它们是否存在争议）。只有少量铭文完整保存下来并且每个字母都可辨识，其他铭文中丢失的内容只能根据幸存下来的字母来猜测。许多残缺文本没法准确标明年代，而占主导地位的原则是根据雅典一个多世纪的传统写信格式是否改变来判断年代，这太过僵化，如果我们接受这个原则，更会增加不确定性（福尔那拉教授在他的史料集中给出了不同的时间，却没有表明有关看法）。

公元前 479 年末，所有希腊人都认为波斯再也不会入侵欧洲。[5]公元前 478 年，上一年的两名斯巴达指挥官换任：列奥提西达斯领兵去希腊北部的色萨利，据说是为收取贿赂；[6]鲍桑尼亚带领一支舰队先来到塞浦路斯，[7]后来到拜占庭，由于他举止傲慢不受人们待见（这可是意料之外），等新上任的斯巴达指挥官一到，他就被赶走了。雅典走出公元前 6 世纪的孤立局面后，对海外的兴趣不断增长，[8]成为新联盟的领导者。这个全面长期的同盟组织就是学者所谓的提洛同盟，得名于同盟核心提洛岛，信仰太阳神阿波罗。[9]表面上，这个同盟继续与波斯的战争，要求成员城邦为战争贡献舰船，或者缴纳盟捐以补贴雅典海军。这一组织如何发展壮大尚不清楚，但到了公元前 5 世纪中期，几乎所有爱琴海岛屿、色雷斯和小亚细亚海岸的城邦都加入进来。

同盟由亚里斯泰德组织，[10]米泰亚德之子喀蒙指挥初期战事。[11]修昔底德提到的初期事件主要是打击波斯人及曾经帮助波斯的希腊人的活动，包括公元前 5 世纪 60 年代在小亚细亚南海岸的欧律墨冬河口的海陆重大战役中大败波斯人；还有雅典追求自己利益的活动，如公元前 4 世纪 70 年代中霸占斯基罗斯岛，这里地处爱琴海北部，坐落在雅典和赫勒斯滂海峡之间的要道，同雅典一直关系密切（与利姆诺斯岛和伊姆罗兹岛一起成为雅典控制北爱琴海的关键）。雅典建立了常设同盟，做好了长期战争的打算，要求成员每年提供盟税和船只，前所未有地把自己的权力凌驾于希腊各城邦之上（不同于近东王国，盟税在希腊不为人们所熟悉）。起义随之爆发，但遭到镇压：大约在公元前4世纪70年代末的纳克索斯和公元前465/4～前463/2年的萨索斯；后来所有的成员城邦都发现直接缴纳盟税比每年夏天派遣舰船和人员要省事一些。一开始大家理所当然地认为这是自由城邦组成的同盟；雅典从未在形式上破坏独立城邦的独立地位，但是逐渐以各种方式侵犯它们的自由。

公元前465/4年与公元前456/5年之间，斯巴达不得不处理美塞尼亚的叛乱：雅典在亲斯巴达的喀蒙的带领下支持斯巴达，也加入了支持斯巴达的联盟，但他不在位之后，倡议"民主"、反对斯巴达的一派开始左右政局，之后斯巴达驱逐了雅典人，雅典人放逐了喀蒙。[12] 在伯里克利一派当政时期，雅典与斯巴达的关系破裂，同阿尔戈斯和色萨利建立同盟，公元前4世纪50年代，盟军继续抗击波斯，同时加强在希腊的影响力（参与第一次伯罗奔尼撒战争）。盟军抗击波斯，首先从塞浦路斯开始，然后来到埃及（应埃及人请求，帮助他们反抗波斯统治：200多年来埃及一直源源不断地吸引希腊商人和雇佣兵的到来）和腓尼基；公元前454年，这次埃及起义以惨败告终。在返程途中，雅典强迫埃伊纳岛[13]加入同盟，并赢得了科林斯地峡迈加拉的依附；雅典四处征战，最值得一提的就是获得对维奥蒂亚和佛西斯（福基斯）的控制，这一地区里包括德尔斐。从公元前4世纪初开始，他们逐步将比雷埃夫斯海港打造成海港镇，现在又在近海区域建造了一堵"长墙"加强防御，把雅典和比雷埃夫斯海港连接起来，这样就形成了一个拥有出海口的防守坚固的区域。

然而，波斯在埃及的征战折戟沉沙，在希腊的扩张也成了强弩之末；可能是害怕波斯卷土重来，公元前 454 年，雅典将同盟的金库从提洛岛搬迁到了雅典。此举直接导致了从公元前 453 年开始的《钱币法令》的颁布，列出每年缴纳盟税的六十分之一用于祭祀女神雅典娜，法令设定的不是总额，而是每个成员缴纳的数额，这便利了史学家。从零散史料中恢复原法令是赫拉克勒斯式的任务，非常艰巨，就算复原也很难保证细节就一定准确，不过他们还是推断出了不同成员缴纳的数额，以及哪些城邦在哪些年有上缴。同时同盟会议被迫中断：雅典全权制定同盟政策。

公元前 461 年喀蒙被放逐，公元前 451 年回国；雅典同伯罗奔尼撒人之间 5 年休战说不定就是他的功劳。接着他带军攻打塞浦路斯，阵亡在了战场上，从那以后雅典不再主动攻打波斯。从公元前 4 世纪起，众所周知，雅典与斯巴达签订了《卡里阿斯和约》，将波斯赶出爱琴海和小亚细亚西部。[14] 但这个条约和其他大量文献一样，声称出现在公元前 5 世纪，却没有确切的同时代证据；所以我赞成少数人的观点——激烈战斗终于停歇后，公元前 387/6 年《安塔西达和约》签订，随后才有《卡里阿斯和约》，[15] 公元前 5 世纪的辉煌和公元前 4 世纪的耻辱形成鲜明对比。

提洛同盟变成什么样了呢？第一批盟税缴纳单显示，公元前 5 世纪 50 年代末和 40 年代初缴纳的金额极不规律，如果再现版本无误的话，公元前 449/8 年没有征收盟税。公元前 5 世纪 50 年代末，针对小亚细亚岛屿埃律特莱亚，雅典颁布了一项关于泛雅典娜节祭品的法令，强迫实行"民主宪政"，惩处逃去波斯的人，所以至少在这一点上，波斯煽动希腊人背叛雅典。有各种迹象表明雅典在公元前5世纪中期侵犯盟国自由：在宪政上的干涉（当挑拨和机会出现：雅典没有有条不紊地处理，但公元前5世纪后半期，雅典倡导的"民主政治"和斯巴达倡导的寡头政治同时存在）；一些类别的诉讼从同盟城邦转移到雅典法庭；在雅典节庆缴纳贡赋；[16] 在同盟城邦建立"份地"（cleruchy，古希腊将征服土地配给公民的制度），进行变相殖民，雅典富人可以成为同盟城邦的地主（一般只有城邦公民才可以拥有本邦土地）。

如果哪一年确实没有盟税，这可能意味着雅典人自己不确定该如何处理同盟；根据普鲁塔克记载，雅典提出的一个议案似乎有意扩大提洛同盟的规模，将所有希腊人都囊括进来，但由于斯巴达人拒绝参加，会议没有成功召开；[17] 结果显而易见，即便常规战争已经停止，但同盟仍然存在，受雅典控制，成员缴纳盟税。公元前447/6年，雅典人开始大肆修葺卫城，黄金象牙雕塑的雅典娜神像安放在帕特农神庙内，同时修筑宏伟的卫城入口"山门"，在山门外建起胜利女神雅典娜的神庙。厄瑞克忒翁神庙在《尼西阿斯和约》签订后开始修建，公元前4世纪最后10年完工。虽然有文本提到公元前447/6年雅典故意让波斯人毁坏的庙宇保持荒废状态，但这种可能性很小。这一时期的建筑中还有卫城往下东南方向的音乐厅，主要由伯里克利赞助修建。雅典有没有因此直接挪用提洛同盟的金库不可知，但同盟就算没有直接补贴雅典，也会通过其他方式出钱出力：普鲁塔克认为伯里克利受到质疑时是这样回答的——只要雅典保护联盟成员免受波斯侵犯，就不必向他们说明盟贡怎么用的。[18] 还有一些早期的建筑物由私人捐资建成。虽然雅典人自己并不承担全部费用，但这些都是公共设施，由公民大会决定，受公众任命的监督团监督。

公元前 447/6 年，雅典面临一系列危机：先是维奥蒂亚起义，被雅典镇压；同盟第一批成员埃维亚岛的城邦，随后揭竿而起；当伯里克利率军前来，迈加拉也加入了叛军；同时斯巴达国王普利斯托纳克斯带领伯罗奔尼撒人进犯阿提卡。也许是私下谈判起了作用，伯里克利领军回国；伯罗奔尼撒人也没有跨过埃莱夫西斯地区。收受贿赂本来是不道德的，但要是有恰当的理由行贿也可以变得正当：双方都认为伯里克利买通普利斯托纳克斯；受贿者被斯巴达放逐，而行贿者当年赠予斯巴达官员十泰伦（古希腊货币单位）"必要花费"的故事雅典人却津津乐道。伯里克利在伯罗奔尼撒人撤退后收复埃维亚岛。公元前 446/5 年，雅典同斯巴达签订《三十年休战协定》，雅典放弃在希腊大陆的大部分权益，正式承认希腊世界分裂为雅典和斯巴达两个对立阵营。

表面看似乎是斯巴达占上风，但雅典此后认为虽然他们无法扩张到斯巴达的领域，但可以在其他地方继续扩张。公元前 446/5 年，在西部，雅典进一步控制意大利的锡巴里斯，并在公元前 444/3 年将它重建为图里，同时插手尼波利斯重建，与其他城邦结盟；[19] 公元前 437/6 年，雅典在色雷斯建立殖民地安菲波利斯（此前就有尝试），地点在斯特里蒙河口附近；40 年代初，他们在希腊西北部帮助安非罗奇亚人重建阿尔戈斯；30 年代，伯里克利远征黑海南海岸，又与作为谷物重要来源的博斯普鲁斯王国结盟。这些事件的史料很零散；修昔底德只讲述了公元前440～前439年的一场战争，雅典为保护米利都征讨萨摩斯，后者是少数仍为提洛同盟提供船只的成员之一。萨摩斯人得到波斯的一些帮助（违反了《卡里阿斯和约》，这份和约不一定真实存在）；斯巴达也考虑支持萨摩斯人（违反了《三十年休战协定》），但没能说服伯罗奔尼撒同盟成员；雅典的地位虽然受到严重威胁，但还是重新掌控了局势，可能强制实施了"民主宪法"。

尽管雅典人可能认为帝国建立的最初目的是权力和荣耀，经济利益只是副产品，但帝国的确为雅典带来了可观的经济收益，尤其是来自成员的盟税和买卖其他城邦的土地权力。大约20年代，雅典人坚持使用统一的度量衡和货币，[20]方便了整个帝国，但其他城邦无法保留自己的度量衡，自尊会受到很大冲击（同比近年来欧元的争议）。虽然各城邦理论上保持分开和独立的状态，互不干涉，雅典也没有常规性地干涉他们的事务，但如果在看似合适的特定情况下，雅典定然非常乐意插手。宗教是希腊公民生活的一部分，帝国有宗教规定，要求成员在雅典节庆缴纳盟赋。如果雅典急于想要这些成员保持对同盟的忠诚，就向他们许以好处：20年代，破例允许马其顿海岸的迈索尼从黑海进口一定数量的谷物——这意味着其他城邦没有这种权利。[21]根据修昔底德描述，雅典人谈到自己的权力时冷酷无情，而提洛同盟成员也不满他们的遭遇。[22]一些现代学者认为，"民主人士"坐享同盟成员资格带来的好处（爱琴海地区一片祥和，欣欣向荣，雅典海军也提供了就业机会），只有上层寡头才会侧目。毫无疑问受益的是各城邦手握实权的"民主领导人"，他们在雅典的支持下才有今天；但总的来说，修昔底德的观点虽然有过度简单化的嫌疑，却比其他猜测更接近真相。

伯里克利

克里斯提尼改革丰富了雅典人的政治实践，激发了他们参与政治的乐趣；[23] 地米斯托克利创建的强大海军 [24] 在萨拉米一战功成，利用海军又建成提洛同盟，这使得那些最贫穷的公民比在其他城邦有了更强烈的归属感和自我价值的认同。这些公民很多担任了海军的桨手。希波战争结束后，地米斯托克利顶住斯巴达的威慑，重建城邦和城墙，各种各样的故事描绘他具有反斯巴达精神；但他和同盟组织者亚里斯泰德的光芒，被后来居上的喀蒙掩盖，变得有些黯然失色。[25] 可能在公元前 5 世纪 70 年代末，地米斯托克利因此被放逐；他被指控在阿尔戈斯的时候勾结斯巴达人鲍桑尼亚，[26] 于是西向逃去，最终横渡爱琴海来到波斯。他背上了"通波斯"的叛国罪名（希腊人通常称波斯人为米底人），但讽刺的是，他是在受到指控后被逼上梁山才倒向波斯。

直到雅典与萨索斯的战争结束，喀蒙一直大权在握：[27] 战争结束时，他受到接收贿赂放过马其顿的指控，但被宣告无罪。当斯巴达为了对付美塞尼亚人向他求援时，[28] 他不顾埃菲阿尔特的反对，带领 4000 名士兵前去援助。公元前 462/1 年，趁喀蒙不在，埃菲阿尔特得到逐渐崛起的伯里克利支持，攻击了前执政官议会——战神山议事会，[29] 随着权力衰减，执政官地位江河日下；[30] 十将军逐步掌权，迅速崛起，将主要政治和司法权力转移到其他机构，可能涉及任免官员和决定重大外交政策（可能正是战神山议事会曾经打击地米斯托克利，宣告喀蒙无罪）。接着在公元前5世纪50年代，除了最贫穷者之外，所有公民都有资格担任执政官；设立巡回治安法官，裁决地方上私人性质较低的诉讼；[31] 向陪审团成员发放工资，此后各种现任公职都可以拿工资，最后在公元前400年，参加公民大会也涵盖在内；[32] 公元前451/0年，伯里克利颁布法令，父母必须有一方是雅典人的男子才算是雅典公民（反映了雅典公民的权益只能由真正的雅典人享有的观点）；伯罗奔尼撒战争开始时，雅典大概有6万名成年男性公民。这些改革不乏反对的声音，当喀蒙被驱逐出境（罪名是亲斯巴达、反民主）后，埃菲阿尔特又被暗杀，数年后传言说曾有一场寡头政治的阴谋，但是阴谋并未得逞。

埃斯库罗斯在其悲剧创作中反映了这些发展。公元前473/2年，伯里克利赞助（由富裕公民出资上演）剧作《波斯人》；[33] 不同往常，它描述了公元前480年波斯人对战败的反映，[34] 虽然没有点明地米斯托克利（放逐前后都没有）的名字，但还是夸赞了他的功绩。戏剧《祈援女》上演于约公元前464/3年，描述阿尔戈斯及其国王的独特民主，在第604行出现了"人民主权之手"（*demou kratousa cheir*），即举手投票，可能 demokratia（民主）一词就源自于此。《复仇女神》上演于公元前459/8年，战神山议事会在这里成了凶杀法庭（埃菲阿尔特改革后扮演的角色），第681～710

行描述学者们就埃斯库罗斯到底是支持（我们认同的）还是反对改革者的问题争论不休。另一方面，公元前 469/8 年，可能是回应欧律墨冬河的胜利，[35] 执政官请求喀蒙和他一派的将军给悲剧竞赛做裁判，他们没有把奖颁给埃斯库罗斯，而是给了年轻的索福克勒斯。德拉古、梭伦、庇西特拉图、克里斯提尼、埃菲阿尔特和伯里克利都为雅典的政治进步立下了汗马功劳。虽然这些变化不止出现在雅典，其他城邦也同样发生，但到了公元前 5 世纪中叶，雅典还是走在了其他城邦前面，有了"自觉民主"，能够强行要求提洛同盟城邦实行民主变革。[36] 我认为只有埃菲阿尔特和伯里克利才决意深化雅典民主改革；"民主"一词创造于约 60 年代，接着就有了"贵族政治"（*aristokratia*）和"寡头政治"（*oligarchia*），他们有的在既非君主制又非民主制的地区受到欢迎，有的遭到抛弃。（对比现代社会，几乎所有人都在口头上赞同民主，却从不同的角度来解释这个词，而古典时代的希腊人并不都赞成民主。）古典时代希腊民主的主要特点是：民主城邦所有或几乎所有的原住民（自由、成年、男性）都是具有一定政治权力的公民，而寡头政治城邦不允许最穷的人拥有权力；民主城邦公民大会对所有有资格的公民开放，定期召开，达成多项决议，而寡头城邦则通过一些机构（赋予小规模委员会或某些官员更多权力），[37] 限制公民大会和普通公民在公民大会中的权力（如提案权）。从其他地方迁移过来的居民只有在特殊情况下才能拥有公民身份（雅典所谓的"外邦人"指的是来自其他城邦但自愿居住在雅典的移民）。

雅典的议事会和公民大会有标准模式：五百人议事会[38] 作为

代表机构一年换届一次。无论如何，从埃菲阿尔特时期开始，来自某个部落的五十人组成委员会（议长主持机构和常设委员会），在一年的十分之一时间内执掌政务。大约到了 30 年代末，公民大会每年举行四十次常规会议，可能还会额外召开会议。委员会只能决定由议事会提出的议程上的事项；议事会可以提出或不提出具体建议；任何公民都可以在公民大会上发言，并对已有议案提出建议或修正。按照少数服从多数达成决议，大多数情况下不投票，而根据举手多少判断（有关个人的决议才投票，法定人数为六千）。没有形成有规模和章程的政党：主要政治家（不可避免就是富人）比一般公民更积极，他们吸引了或多或少忠实的支持者，背后的原因多种多样，包括政策和个人关系等；然而任何领导者，不管他权力有多大，都无法保证公民大会能完全按照他的意愿进行投票。

政府不是由专业行政人员组成（除少数文员和公有奴隶外），而是公民自愿贡献一年时间专门担任某一特定职位。公元前 5 世纪梭伦时期，大部分职位只允许梭伦提出的四个等级中的前三等级公民担任，[39]第四等级公民没有资格担任公职（公元前 4 世纪人口更少，这种限制在理论上仍然存在，但不再强制执行）。行政工作分成多份，分配给单个官员或委员会（通常是十人委员会，每个部落各一人）：这样一来有才干的人无法发挥，无能的人也无法搞砸，但是比起找到最合适的行政人选，雅典更重视动员公民。议事会是行政中心，许多议事会成员也身兼委员会的职务。议事会任命及大多数文职由抽签选出，同一职位不得连任（但公元前

4 世纪，男性可以在议事会任职两次，也有狂热分子在某些职位上连任数年）。将军和其他军事官员通过选举产生，允许连任：克里斯提尼[40]改革后，像其他官员一样，每个部落有一个将军名额，但不是每个部落都能选出有能力的将军；从公元前 440 年起出现了一些例外情况；公元前 4 世纪的后 25 年，不再固定由地区部落选出。[41]公职人员在任职前要接受任职资格审查（看他们是否具备优秀公民的资历，而不是能否胜任职务），在离职后要接受财务和一般会计审查。

税收主要是间接税（销售税等），大多数不是由国家官员而是由包税人组成的税款包收团征收，他们签下一年的合同，约定向城邦交纳一定数量的税款，在征税的时候设法多收一些，获取差价。出于自愿或强制要求，富人每年要履行指挥或资助海军舰艇的公共服务，或者指导和资助某个节庆中的一群表演者，后者一般来自一些竞赛活动；[42]当国库告急，他们也有义务缴纳特别财产税，进行自愿公益捐赠。

在司法方面，梭伦原先实行的个别官员判决然后上诉的制度[43]进一步发展成另一种制度：官员一般只例行检查案件是否符合程序，然后交给陪审团法庭判决，官员只主持而不引导。陪审团的规模非常庞大（年度陪审团人数为 6000，人数最低 201 名）。没有专业律师，但诉讼当事人可以请人代写演讲稿，也可以与自己一方的发言人讨论，但是他必须自己进行辩护。审判须在一天内结束。梭伦将任何公民都可以进行的公共诉讼和由受害人或受害人家属起诉的私人诉讼区分开来，在没有陪审团的情况下，巡回法官[44]判决私人诉讼要收取 10 德拉克马。"普通罪犯"（拦路抢劫的强盗等）如果被证明有罪并认罪伏法，可以简单处理，其他类别的罪行则有特定程序。

这是一种非常直接的民主：几乎所有公民只要愿意都能参加公民大会，共同决定事务；决议由每年选出的前三等级公民代表来执行；司法裁决不靠专业律师，而是由没有专业能力的官员、诉讼当事人和大型陪审团决定。虽然那些富人和 / 或居住在城邦中心及其附近的人显然更容易参与进来，但是议事会由各地选出再加上少量津贴缓和了这一矛盾。在我们看来，这个制度有短板：公民大会的决定并不遵循连贯的政策；政府一味强调参与，却忽视了效率；法庭在审判不同案件时可能随意解释法律，也没有明确区分公众人物的不法行为和其他让公众不满的行为。这个制度也有长处：公民参与度高（通过多年参与能够获得大量经验，没有明确统治阶级和其他阶级之分）；诉讼需要诉讼当事人的努力和曝光，花费少，判决快，便利了许多公民。公元前 5 世纪，在提洛同盟盟税的资助下，雅典不必再自掏腰包，直到伯罗奔尼撒战争的最后几年，雅典人都有足够的钱支付诉讼费用。

修昔底德认为雅典在伯里克利当政时期，"民主政治名不副实，实际上是由首席公民统治城邦"。[45]伯里克利 50 年代登上政治舞台，公元前 429 年秋天去世，他是最杰出的政治家之一，但在雅典，无论是他还是别人都左右不了政策。虽然伯里克利经常担任将军，位列十人委员会，却要参与每年一度的选举，他的官职也很少赋予他在城邦内部的正式权力。他树敌甚众：先是喀蒙；然后是 40 年代迈勒西阿斯之子修昔底德（也许是喀蒙的妹夫和历史学家修昔底德的祖父），直到公元前 443 年后者被放逐（当时不止他一个人被放逐）；30 年代初，家族不见经传的民主派攻击伯里克利及其政党的人。他同各个领域的头面人物都有联系，如雅典卫城建筑的总负责人、雕塑家菲迪亚斯，哲学家阿那克萨戈拉。他本人既没有经常发表演说，也没有提出大量法令，但是雅典数十年间的各项成就里都少不了他的身影，而且有理由认为，雅典人奉行的一贯政策都是得到了伯里克利的批准和支持。

斯巴达与伯罗奔尼撒

由于斯巴达公民在该地区属于少数民族，又可以奴役希洛人，斯巴达有必要也有条件奉行军事化的生活方式，这使斯巴达人显得与古风时代的其他希腊人格格不入，他们逐渐变得不关注外部世界，且后来有意识地越来越冷漠。[46] 公元前 490 年波斯战争时，斯巴达虽然允诺帮助雅典，但并没有在马拉松战役中及时赶来，但在公元前 480～前 478 年，其被希腊接受，成为抗击波斯入侵的领导者。[47] 然而，公元前 478 年，有人指控国王列奥提西达斯在色萨利受贿，摄政王鲍桑尼亚又在拜占庭失去民心，雅典随后新组织了提洛同盟，同盟成员拒绝再接受斯巴达领导。[48] 虽然这一决定不是全票通过，斯巴达仍坦然接受，这是它第一次表现得不那么雄心勃勃。鲍桑尼亚领军深入爱琴海，再次受召回国，被指控叛国勾结波斯人和希洛人，他躲进神庙避难，被活活饿死。

阿尔戈斯一直反对斯巴达的霸权，[49]公元前 480～前 479 年其拒绝加入斯巴达领导的抗击波斯联盟；[50]公元前 494 年被斯巴达打败，但没有臣服，这种变化可能扩大了公民主体，但没有从根本上改变，阿尔戈斯仍反对斯巴达同盟。[51]有零星史料表明，70 年代和 60 年代斯巴达越过伯罗奔尼撒半岛，从西面的伊利斯穿过阿卡迪亚，干涉阿尔戈斯。伊利斯和阿卡迪亚的曼提尼亚有集中居住现象；[52]据说旧统治阶级的后代重新在阿尔戈斯夺权；雅典人地米斯托克利被驱逐后，将这里变成了他的大本营，但是（在夺权事变之后）斯巴达指责他帮助鲍桑尼亚叛国，他感到阿尔戈斯不再安全。[53]公元前 462/1 年，阿尔戈斯与民主时期的雅典交好；[54]大致同年，重新划定公民范围；公元前 5 世纪后期，阿尔戈斯声称自己是民主城邦。要么是出现了第二次变革，要么是回归的统治阶级容纳了民主运动。

公元前 465/4 年，斯巴达附近麻烦不断，地震造成大量人员伤亡，公民人数开始减少或者加速减少，再也没能回到原先的状态；[55]美塞尼亚又爆发了希洛人起义和边民起义。战争长达十年之久，雅典人作为斯巴达盟友前来解围，斯巴达人拒绝了帮助，随之两者的同盟关系解除，[56]最后斯巴达不得不同意美塞尼亚人离开伯罗奔尼撒半岛，而雅典帮助这些起义者定居科林斯湾出口的纳夫帕克托斯。也许是因为美塞尼亚战事缠身，第一次伯罗奔尼撒战争开始时，斯巴达人并没有主动出击雅典；[57]但到了公元前 445 年，斯巴达发源地——希腊中部的多里斯遭到袭击，他们前去支援却被雅典阻挡了归路，于是双方在维奥蒂亚的塔那格拉展开激战，斯巴达获胜。对于雅典人来说这只是短暂的挫折：他们在斯巴达人回国后，再次攻入维奥蒂亚，彻底将它征服，接着环绕伯罗奔尼撒半岛航行，一把火烧了斯巴达在基赛阿姆的船坞。

公元前 4 世纪 50 年代末，雅典实力受损，公元前 451 年与伯罗奔尼撒半岛人达成五年休战协议。[58] 同年，阿尔戈斯与斯巴达约定休战三十年，随后迅速繁荣起来。由于斯巴达和雅典分别插手德尔斐冲突，尽管没有开战，五年休战实际上成了一纸空文；到公元前 447/6 年雅典出现了很多问题，迈加拉叛变，斯巴达带领伯罗奔尼撒人入侵阿提卡。公元前 446/5 年，雅典和斯巴达签订三十年休战协定，雅典因此失去了在陆地上的很多利益，但并没有自觉控制其在泛希腊世界的野心。[59] 公元前 440 ~ 前 439 年，斯巴达提议支持萨摩斯反叛雅典，终止和约，结果被伯罗奔尼撒同盟盟友否决，[60] 这表明雅典大肆扩展引起了很多斯巴达人的不安。

南部与西部

克里特岛是爱琴海在南部的门户，岛屿面积广阔，虽没有《荷马史诗》中的上百个城邦，[61] 也算得上城邦众多。它位于连接近东和塞浦路斯到地中海西部的贸易路线上，没有像黑暗年代北边希腊出现那么厉害的文明崩塌，虽然考古发现证明公元前 600 年出现过一次文明的衰落，原因至今成谜，但古风时代早期克里特岛一派繁荣。有人称斯巴达体制[62]模仿克里特岛：古典时代的克里特人是多里安人，从这些观察到的相似点来推断可能说不过去，但克里特岛城邦的确留下了大量法律铭文。岛中心城邦格尔蒂[63]大法典铭文写于公元前 5 世纪中叶，但在很大程度上只是重复了旧的法律。

极少有证据表明古典时代克里特岛介入希腊其他地方的事务，但残存的少数文件暗示这种沉默很可能产生误导。希罗多德认为，希腊本土人曾在公元前 480 年希波战争时向克里特人求援，而克里特人听取德尔斐神谕拒绝了他们；[64]他们本身并没有受到波斯入侵的威胁。一对公元前 5 世纪中的铭文写道，阿尔戈斯介入了克里特城邦克诺索斯和梯利索斯之间的殖民地，不仅仅是作为仲裁者，而且着眼于在这里的长期利益（不管有没有根据，阿尔戈斯人声称这里是他们的母城）。[65]公元前 429 年，科林斯湾急需兵力支援，一支雅典舰队受命前去，但却在途中加入了克里特岛的战争。

爱琴海以外的希腊殖民地分别位于昔兰尼和利比亚东部，[66]西面的迦太基和东方的波斯帝国之间。这里是块膏腴之地，城市蓬勃发展。只有 13 个希腊城邦领土面积超过 1000 平方千米（390 平方英里），昔兰尼就是其中之一。巴图斯在这里建立了第一个王朝，持续到公元前 5 世纪中叶，随后民主政治建立起来。要不是诗人品达歌颂竞技胜利者的诗歌和一些古代相关的评论，我们很难知晓这些城邦在公元前 5 世纪的任何历史。公元前 474 年，来自昔兰尼的忒勒西克拉底在皮提亚运动会的重装竞足比赛夺冠。[67]公元前 462 年，昔兰尼最后一位国王阿克西劳斯四世在皮提亚运动会上赢得驷马战车竞赛；[68]他此前镇压达摩菲努斯叛乱，后者逃往底比斯，品达试着促成二者和解（我们不知道是否成功）；接着公元前 460 年，阿克西劳斯四世在奥林匹亚运动会驷马战车赛上再次力压群雄。此外还有一些引人注目的文献记载。公元前 454 年，雅典远征埃及落败，[69] 残兵败将借道昔兰尼逃回国；公元前 413 年，伯罗奔尼撒海军助阵叙拉古，打击利比亚土著，也经过昔兰尼和尤斯贝里德斯，但是一名昔兰尼人协助了在西西里战败的雅典人；[70] 在伯罗奔尼撒战争结束时，一些美塞尼亚人[71] 被斯巴达从纳夫帕克托斯驱逐，他们来到昔兰尼及附近城邦。

西西里岛和意大利南部的希腊人留下了更多史料和信息，[72] 公元前 505/4 年，西西里南海岸的盖拉建立了僭主政治；公元前 491/0 年，来自城邦贵族家庭的革隆夺权。公元前 485/4 年，他控制了东海岸的叙拉古，吸纳希腊各邦移民，把它建成了主城（成为了希腊面积超过 1000 平方千米，约 390 平方英里的 13 个大城邦之一）。从那时起到 60 年代中期，革隆和他在叙拉古的兄弟统治了西西里岛，与盖拉西面的阿克拉加斯僭主塞隆家族结盟，对抗北海岸的希梅拉和意大利岛足尖上的利基翁。

阿克拉加斯占据希梅拉，北方同盟向迦太基求援（西西里岛西端对迦太基无关紧要，所以他们没有在这里建立殖民地），公元前 480 年，迦太基盟军浩浩荡荡前来，阻挠叙拉古援助在希波战争中抵抗波斯人的希腊本土人（叙拉古并不一定会支持希腊），[73] 迦太基和盟友最后不仅铩羽而归，反倒把利基翁输给了叙拉古，塞隆任命其子斯拉苏达埃乌斯统辖希梅拉。

革隆将叙拉古交给了他的兄弟亥厄隆（亥厄隆有段时间与其另一个兄弟波吕扎鲁斯不和，差点在叙拉古和阿克拉加斯之间触发战争），自己于公元前474/3年在意大利北部大败伊特鲁利亚人后凯旋。70年代末和60年代初，僭主政治倒台：公元前472年，原本继承塞隆之位的斯拉苏达埃乌斯被驱逐出阿克拉加斯；亥厄隆死于公元前467/6年，不到一年，他的最后一个兄弟斯拉苏布卢斯也被赶出叙拉古；利基翁的僭主政治告一段落。这些希腊西部的僭主虽然没有响亮的名号，却是了不起的统治者：在大型竞赛摘得桂冠，赢得满堂喝彩，品达和其他诗人争相献上颂歌，呈送的祭祀品摆满各大神庙。亥厄隆驱逐叙拉古北部的卡塔纳人，然后将此地重建为埃特纳，让儿子狄诺美尼治理：品达为他的登基创作了《皮托凯歌第一首》（公元前470年），埃斯库罗斯也创作了悲剧《埃特纳女人》。西西里城邦繁荣发达，一些希腊最为宏伟的神庙建立于这里，这些神庙不仅是在僭主统治时期进行修建，僭主政治前后很长时间都一直在进行。

僭主统治被推翻后，过了很长时间各地涌现的起义才逐渐平息，最终各地人口迁徙完成，各宪政政府建立，叙拉古成为最强大和雄心勃勃的城邦。50年代和40年代，局势再次复杂起来，西库尔人（西西里土著）团结起来在岛内建起自己的政权，战败后领导者逃到叙拉古请求庇护，被派送到科林斯，因此叙拉古卷入与阿克拉加斯的战争，结果取胜；杜凯提乌斯借着战争的机会回到西西里夺权，尚未再次建起政权就丧生。

意大利南部城邦锡巴里斯（sybaritic，奢侈享乐一词就来源于此）以富甲一方而闻名，公元前510年遭克罗顿毁坏，[74]多次试图重建，没有成功，后在公元前446/5年得到雅典帮助，终于重建成功。早期原住民和新来移民之间发生了冲突，最后以移民取胜告终；大约在公元前 444/3 年，锡巴里斯在雅典主持下改名图里，[75]有了新的开始。虽然地米斯托克利隐约表示过对希腊西部的兴趣，但雅典以前从未真正插足，而现在几乎同时参与了尼波利斯的重建，又与西西里岛的利基翁和莱昂蒂尼建立同盟，公元前 433/2 年重申同盟关系。[76]图里没能赢得斯巴达殖民地他林敦的战斗；[77]30 年代求取德尔斐神谕，然后中断了同雅典的殖民关系。与图里恰恰相反，克罗顿（前身是亚该亚）拉拢其他城邦，建立了亚该亚同盟。

第 5 章
伯罗奔尼撒战争
（公元前 435～前 404 年）

起　源

　　修昔底德在《伯罗奔尼撒战争史》第一卷中讲述了这场战争
发生的背景，接着在第二至第八卷中翔实描绘了公元前 411 年秋
天之前的战争过程。虽然战争结束时他仍然活着，但史书到此截
止，[1] 后来的历史学家从公元前 411 年往后开始记述，我们能找
到的关于战争的文献已经众所周知了。色诺芬撰写的《希腊史》
是流传下来的完本之一，记载到公元前 362 年（前一、二卷，至
伯罗奔尼撒战争），色诺芬一生大部分时间被流放在斯巴达，是
个独立人。狄奥多罗斯·西库路斯的历史丛书中完整记述了这场
战争（第十二卷第 33 页～第十三卷），他以厄弗罗斯的著作为基
础，基本上是对修昔底德史书公元前 411 年之前部分的改写；但
与色诺芬后来的历史不同，他对公元前 5 世纪末和公元前 4 世纪
初的历史描述似乎源自非常详细的历史记载，这些历史记载的一
些片段出现在莎草纸上（《希腊史·俄克喜林库斯人》是埃及城

市俄克喜林库斯出土的希腊史书）。在这之前，普鲁塔克的《希腊罗马名人传》（即《传记集》）记载了一些主流人物；我们也有一些铭文；我们也有雅典戏剧；此外还有公元前 420 ~ 前 320 年流传下来的一些雅典法庭的演讲，但很少有早于公元前 404 年的。[2]

修昔底德区分了导致战争的两种原因。他描述了公元前 435 ~ 前 431 年的史实，讲清了公认导致战争的原因："不满和纷争"，但他认为隐藏在背后的"最真实的原因"是雅典势力的增长引起了斯巴达的恐惧；[3]为了证明这个最真实的原因，他在记叙"五十年时期"[3]时另外加入了一些叙述，并详细解释了两个"不满和纷争"，并在记叙公元前 432 ~ 前 431 年的辩论中也提及另外两个"不满和纷争"。

克基拉位于希腊北部西海岸，曾经是科林斯的殖民地之一，[4]两个城邦后来共同在希腊本土偏北建立了殖民地伊庇达努斯。由于政见不合，伊庇达努斯的一些上层贵族遭到流放；这些贵族联合当地部落进攻城邦，伊庇达努斯为了抵御进攻先向克基拉求援遭拒（也许克基拉与流亡贵族关系更为密切），然后转向科林斯，科林斯做出了回应。公元前 435 年，科林斯和盟军派遣舰队增援伊庇达努斯，途中在克基拉南端与希腊本土之间被击败。伊庇达努斯被克基拉占据，史书不再记述；但克基拉和科林斯却开始准备未来的交锋。克基拉本来无意与其他城邦结盟，公元前 433 年却开始向雅典求援；科林斯则试图劝阻雅典插手；雅典虽然支持克基拉，但只同意建立共同防御（科林斯是伯罗奔尼撒同盟的成员，雅典没打算公开违反三十年休战协定），并派遣少量船只。[5]
然而就在同一区域再次爆发战争，雅典不得不救援克基拉，雅典
船只陆续抵达，科林斯人撤退。[6]

波提狄亚位于爱琴海西北面、卡尔西狄斯半岛西端，既是提
洛同盟成员（仅为缴纳贡赋），也是科林斯的殖民地，科林斯每年
往这里派遣官员（不可思议）。由于担心马其顿国王佩尔狄卡斯的
影响，雅典开始向波提狄亚施加压力，要求派遣人质，拆除部分
城墙，禁止科林斯官员入驻。公元前432年，波提狄亚起义反抗
雅典，佩尔狄卡斯鼓励周边城镇迁徙到偏北方的奥林苏斯（奥林
索斯）。雅典派出远征军，科林斯和伯罗奔尼撒也派军支援波提狄
亚（科林斯志愿者加入，没有正式派兵：这一次是科林斯试图避
免公然违反休战协定）。雅典首战告捷，开始围城（公元前430/29
年波提狄亚投降）；雅典和科林斯之间至此已经接连发生了两次
战争。[7]

在一次斯巴达公民大会上，科林斯和盟邦人士以及"碰巧出
现"的一些顽固雅典人发表了演说；在斯巴达人自己的辩论中，
国王阿希达穆斯想要循序渐进地对雅典采取措施，但是监察官斯
森涅莱达斯赢得支持，决定迅速对雅典采取措施，因为雅典违反
休战协定。在这场辩论中，修昔底德谈到的另外两个"不满和纷
争"浮出水面：埃伊纳[8]声称雅典违反在合约中的承诺，没有给予
埃伊纳自治权；迈加拉[9]则抱怨受到了雅典的经济制裁（可能违背
了三十年休战协定的精神，但没有违反字面上的规定）。[10]伯罗奔
尼撒同盟在正式大会上决定宣战。斯巴达还没有准备好立即进攻，

于是在公元前 432/1 年的冬天先散播谣言，称伯里克利的母亲来自阿尔克迈翁家族，他也难逃阿尔克迈翁家族的诅咒，借此削弱伯里克利在雅典的地位。[11] 公元前 431 年春，底比斯、维奥蒂亚大邦以及斯巴达的一个盟友，企图控制普拉提亚，普拉提亚位于维奥蒂亚一侧边界但同雅典保有长期同盟关系，[12] 雅典据此声称伯罗奔尼撒人破坏和平合约。[13]

修昔底德这样评论公元前 433 年雅典支持克基拉的举措：既然雅典认为与伯罗奔尼撒同盟的战争势在必行，那么克基拉海军可以派上用场，希腊西部关系重大，[14] 这不单单因为后见之明，而且确实如此。约公元前 434/3 年，雅典人还清宗教金库的巨额债务，结束卫城的建设项目，准备把重心转移到船坞和城墙的建设上来；[15] 公元前 433/2 年，雅典重申当前与利基翁和莱昂蒂尼的长期同盟关系。[16] 雅典数年来的活动不是为了转移愤怒：他们已经认识到只要称霸野心一日不消，与斯巴达开战就是迟早的事；行为上具有挑衅意味但不要错误行事，就可以为备战创造良好条件，就可以称自己是正义的一方。修昔底德作为雅典人强调他的两个"不满和纷争"，没有强调另外两个"不满和纷争"，我猜测有两个原因：首先，他不认为是由于伯里克利对迈加拉的毫不妥协才导致雅典不得不开战；其次，这样可以很好地解释他关注的这些事件中雅典所采取行动的理由。

公元前 431 年初夏，伯罗奔尼撒同盟入侵阿提卡，战争正式爆发：这时三十年休战协定仅维持了十四年半左右。

阿希达穆斯战争（公元前 431~前 421 年）

战争第一阶段称为阿希达穆斯战争，公元前 431、前 430、前 428 和前 427 年，斯巴达国王阿希达穆斯数次率军入侵阿提卡（公元前 429 年，他带领伯罗奔尼撒人攻击普拉提亚）。一方是财大气粗的雅典海军，一方是伯罗奔尼撒的农业社会，尽管士兵善战，但国库空虚，船只数量少，而且没有意识到自己的劣势不仅在船只数量上，驾驶技术也不行；希腊的大部分，包括三十年休战协定两个阵营之外的大部分城邦也卷了进来。伯罗奔尼撒同盟的原定计划是先大规模入侵阿提卡逼雅典迎战，然后顺势取胜。伯里克利没有按斯巴达的规矩出牌：他命令人们撤回到雅典和比雷埃夫斯海港的城墙内[17]（城内人满为患，导致公元前 430 和前 426/5 年间瘟疫流行，约三分之一的人口死亡），然后利用出海口进口所需物品，当伯罗奔尼撒人进攻阿提卡时，雅典在后侵袭伯罗奔尼撒。一方面，伯里克利有些失策（就像伯罗奔尼撒人希望雅典人投降一样，他希望伯罗奔尼撒人承认雅典人的不可战胜）。雅典本来可以从宗教金库借用积蓄的钱，详细记载收支并带息偿还，然而战争开始后，这笔资金开始以不可持续的速度消耗掉，公元前 429 年伯里克利病故后，他们为了增加收入，不得不减少在巨大战斗中的花费，并向雅典富人征收特别财产税，[18]同时提高提洛同盟的盟税：有出土铭文记载公元前 425 年颁布的一项法令，要求大幅增加盟税，也有对法令结果进行评价的铭文。[19]

要赢得战争，就需要时间和金钱，伯罗奔尼撒同盟获胜的最大希望是放弃半个世纪的敌意，争取波斯的支持；而雅典人要获胜，需要做的就是如果自己得不到波斯支持，至少也要确保对方同样得不到。一开始双方都向波斯示好，但是波斯提出的援助条件是重新控制小亚细亚希腊城邦，雅典半个世纪以来一直都是反波斯斗士的姿态，而斯巴达现在声称为希腊人的自由而战。大流士二世公元前 424/3 年继位不久，就与雅典达成了一项不侵略协议；但公元前 415 ~ 前 413 年，雅典在西西里一战败北，实力削弱，斯巴达在公元前 412 年同意了波斯开出的条件，得到了波斯的援助。[20]

　　根据他们公开的策略，双方都不可能被击败：伯罗奔尼撒入侵阿提卡，但是雅典避而不战；雅典海军袭击伯罗奔尼撒半岛，结果看到斯巴达大军严阵以待，于是返航。公元前 429 年，科林斯湾爆发数起海战，雅典人的海军实力展露无遗，后来伯罗奔尼撒趁比雷埃夫斯海港无人防守前来突袭，却被吓退；公元前 428 ~ 前 427 年，密提林（米蒂利尼）等大部分莱斯沃斯岛城邦（提洛同盟里最后几个还在为雅典提供船只的成员）反抗雅典，斯巴达人试图支持叛乱，却遭到惨败。公元前 427 年，伯罗奔尼撒人夺取普拉提亚，杀死了没来得及撤离到雅典的居民，但这并没有扭转战争的进程。公元前 431 ~ 前 426 年，各方都试图在希腊西北部帮助自己的盟友，这里有几个科林斯殖民地，雅典可以从海路抵达这些殖民地；雅典虽然在战斗中赢得上风，其勃勃雄心却惊动了盟友，最后盟友之间签订了百年合约。公元前 433 年，一群人被科林斯人俘虏，后来被遣送回克基拉，煽动内部矛盾，于是公元前 427 年爆发了一场激烈内战：战争一直持续到公元前 425年，雅典人虽然在场，对盟友的残暴行为却不加以制约，放任亲雅典的民主派取胜，结果城邦成为一片废墟。

伯里克利去世后，雅典人不再单纯避免战败，而是采取更有可能取得积极胜利的策略。公元前 427 年，雅典人受邀介入西西里的事务，是为了帮助莱昂蒂尼[21]对抗叙拉古，修昔底德认为这是为了要防止粮食运往伯罗奔尼撒（这样一来，伯罗奔尼撒农民就没有更多的时间和精力来对付雅典）。远征一开始相对低调，后来规模越来越大，野心也越来越大，但公元前 424 年，叙拉古人赫莫克拉特斯向参战官兵发表演说，指出他们（就像西北部的希腊人）要是没有外界干涉（并且没有人能够强力反抗叙拉古）生活会更好，于是西西里城邦签订合约，雅典远征军不得不默许。叙拉古随后占据莱昂蒂尼；公元前 422 年，雅典派遣使节和船只前往西西里岛，结果一无所获。

公元前 426 年，雅典将军德谟斯提尼驻扎在纳夫帕克托斯，这里是雅典曾经安置逃亡的美塞尼亚人的地方，[22]后来德谟斯提尼从这里出发向东北来到埃托里亚。同年，雅典其他军队从雅典经海陆两线袭击维奥蒂亚：据说德谟斯提尼计划从西方进攻这里，然后与其他军队会师（参见下文，公元前 424/3 年），但是由于不确定因素太多这个计划没有可行性。事实上，他被埃托里亚轻装步兵包围，很难撤出幸存的军队，也很难返回纳夫帕克托斯。

公元前 425 年，雅典捷报连连。德谟斯提尼同一支雅典海军一道前往克基拉和西西里（参看上文），受命在途中调用这支军队在美塞尼亚海岸皮洛斯大海湾的北入口建造要塞（斯法克特利亚岛坐落在海湾口，紧靠北岸；现代的皮洛斯位于南部入口的大陆，1827 年希腊独立战争之纳瓦里诺战斗就发生在这里）。从克基拉召回的斯巴达船舰首先抵达并进入海湾，部分士兵登陆斯法克特利亚岛；但雅典主力军随后返回将斯巴达人围困。在停战谈判中，雅典人克里昂 [23] 立场强硬；他受人劝告，亲自领军增援德谟斯提尼，最后成功俘虏了岛上的大部分斯巴达人。雅典人威胁要杀死这些战俘，斯巴达只得停止入侵阿提卡；（有的军事要塞就是在敌方领地建立的己方堡垒）雅典将纳夫帕克托斯的美塞尼亚人安置在皮洛斯，指望他们能够袭击农村（实际没有如雅典人期望和斯巴达害怕的那样）。公元前 425 年，另一个雅典指挥官尼西阿斯在阿戈里德作战，驻军在东北边的迈萨纳，但是阿尔戈斯与斯巴达签订了三十年和平协定 [24]，在公元前 421 年前一直置身战争之外（下文）。公元前 424 年，雅典人占据拉科尼亚海岸附近的基西拉岛，加大了对斯巴达的压力。

此后，雅典赢少输多。自公元前 431 年秋以来，雅典每年两次攻打迈加拉；到了公元前 424 年，迈加拉的民主派谋划全城投靠雅典，结果计划流产，迈加拉最终落入了亲斯巴达的政治寡头手中。公元前 424/3 年冬，雅典在维奥蒂亚策划的政变也失败了：雅典军队从东南和西南两个方向进入维奥蒂亚，北部本会爆发一场起义，但是选择的时机不对；雅典主力占领了德里昂（提洛的阿波罗神庙），在东南部维奥蒂亚人奋起反攻，在返乡之旅中大败雅典。

斯巴达将军布拉西达斯已经表现出了过人的进取精神，公元前 424 年，应奥林苏斯的哈尔基斯人和马其顿国王佩尔狄卡斯[25]之邀，他带领一群雇佣兵和希洛人（这些人随后得到了解放）前往爱琴海北部，虽然这里有许多提洛同盟城邦，但仍可以走陆路抵达。布拉西达斯与佩尔狄卡斯（后者经常在斯巴达和雅典之间摇摆不定）决裂之后，打算将哈尔基斯地区城邦争取过来，于是坚称自己是真正的解放者，不会用斯巴达取代雅典的控制，也不会在战争中支持一方反对另一方（但是如果这些城邦没有自愿加入，就会被他视为敌方）。公元前 424/3 年冬，他一举拿下雅典殖民地安菲波利斯：[26] 雅典将军兼历史学家修昔底德那时正在萨索斯，来迟一步（结果因此一直被流放到战争结束），但还是保住了沿海城市厄昂。

皮洛斯战败后，斯巴达人大多渴望和平，终于在公元前 423 年春，达成了一年休战协议，希望带来更长久的和平。休战协议达成的消息还未传到，布拉西达斯就已经占领西奥尼城邦，所以北方的战事还在继续，但其他地方遵守了停战协议，从公元前 422 年一直延续到夏末。协约到期，克里昂亲自带领雅典军队来到北部，开战之初他意气风发，但在等待厄昂的盟军时，冒险侦察了安菲波利斯，结果措手不及被布拉西达斯打败。这场战斗中，克里昂和布拉西达斯先后阵亡，安菲波利斯仍然反对雅典人，后来也一直没有被雅典收复。[27]

克里昂和布拉西达斯都希望战争继续下去，但是在他们死后，呼吁和平的声音成为主流，尤其以雅典的尼西阿斯和斯巴达国王普利斯托纳克斯为代表。[28] 公元前 421 年春，学者们所谓的《尼西阿斯和约》签订：本质上回归公元前 431 年的状态，特别保障了部分但不是全部的北方城邦，条款时限为五十年。如果这份条约彻底实施，那么伯里克利的战争目的就实现了，然而事实并非如此，斯巴达历经十年战争也没能削弱或摧毁雅典帝国，反而不得不与之讲和。斯巴达盟友不同意皮洛斯战败后提出的特别和平条款；维奥蒂亚、科林斯、迈加拉和伊利斯的领土要求没有满足，也拒绝参与；安菲波利斯抵制再次被移交给雅典，可是斯巴达统治者对此默许。为了让雅典放心，斯巴达与雅典多签订了一份五十年同盟条约，随后雅典释放皮洛斯战争的斯巴达俘虏，不再控制斯巴达。后来证实这是大错特错：他们不应该那么轻易满足于这份有漏洞的条约。

《尼西阿斯和约》签订后（公元前 421 ~ 前 413 年）

斯巴达和阿尔戈斯之间三十年和平休战到期，《尼西阿斯和约》签订以来就存在的不确定性加剧。[29] 科林斯率先拉拢对斯巴达不满的城邦，建立了一个联盟，阿尔戈斯随后也加入进来。公元前 421/0 年冬，两名斯巴达新任监察官设计把维奥蒂亚拉入这个同盟，并试图把它与斯巴达结盟，不过维奥蒂亚官员没有向他们的同胞做出解释，可是维奥蒂亚人发现这是一个反斯巴达的联盟，拒绝加入。各种误会进一步出现，随之发生了交火。在雅典，阿尔西比亚德[30]加入了战斗，原因在于他由于家族关系，没有参与《尼西阿斯和约》谈判，于是积极破坏和平；公元前 420 年，在雅典公民大会上，他与主和的斯巴达代表团针锋相对，随后又联合阿尔戈斯、曼提尼亚和伊利斯形成了拥护雅典的联盟（科林斯拒绝加入，并重回斯巴达阵营）。这个联盟使得雅典可以在伯罗奔尼撒半岛陆地上与斯巴达交战，这在阿希达穆斯战争期间是不可能实现的。

公元前420年、前419年战争规模不大，公元前418年发生了大型战争。首先，国王埃杰斯二世，也就是阿希达穆斯的儿子和继承人，带领斯巴达及其盟友（包括科林斯和维奥蒂亚）从北方进攻阿尔戈斯；当他们从多路逼近的时候，阿尔戈斯军队开始迎战；结果由于两名指挥官协议休战，战争没有打起来，但是两方官兵都对此极为不满，认为指挥官们将到手的胜利白白放弃。阿尔戈斯盟军转移到阿卡迪亚的曼提尼亚，进攻南部的泰耶阿；埃杰斯打算前去援助泰耶阿，最终行军北上，却被南下的敌军打了个措手不及，自己也被俘虏（可能有片树林遮蔽了双方视线）。曼提尼亚战役是伯罗奔尼撒战争中规模最大的一场战斗，两方人数都超过一万。起初，军队之间相距太远，无法造成直接冲突；埃杰斯试着调整自己的队形，结果在防线中间留下了一道缝隙，如果说斯巴达人有可能在与敌兵交战中败退的话，那就是现在了。然而事实并非如此：就是在这种情况下，斯巴达步兵的技巧和纪律完全碾压了那些几乎没有团队战斗经验的对手，最终大获全胜。斯巴达击败盟军，重新确立了在伯罗奔尼撒半岛的统治地位。阿尔戈斯的亲斯巴达政治寡头们[31]达成了一项协议，希望两个城邦共享伯罗奔尼撒半岛的领导权；公元前417年，支持雅典的民主派重新掌权，一年后阿尔戈斯重新与雅典结盟；伯罗奔尼撒东北部战争仍在继续。

其他地区我们只有零碎的信息。雅典本打算从皮洛斯召回美塞尼亚人，但由于和约没有得到充分实施，他们就没有撤离；公元前 419/8 年，雅典公开指责斯巴达违反和平条约，美塞尼亚人重新入驻。公元前 421 年，北方的安菲波利斯抵制被移交雅典（参见上文），结果雅典人占领了西奥尼，他们杀死当地的成年男子，奴役妇女和儿童。此外公元前 433 年，马其顿摄政王佩尔狄卡斯去世，继任者阿基劳斯一直都是亲雅典一派，但雅典实力已今非昔比。

修昔底德详细描述了公元前 416 年雅典占据爱琴海南部的米洛斯岛的过程。[32] 几乎从战争开始，米洛斯就是唯一没有笼罩在雅典势力下的爱琴海岛屿；公元前 426 年，米洛斯抵挡住了雅典的进攻；一年后，雅典要求它交纳盟税，[33] 但这并不能证明雅典有资格要求米洛斯人缴纳税贡；一份铭文记载了向斯巴达缴纳盟金的城邦，米洛斯在公元前 416 年就名列其中。[34] 修昔底德没有指出米洛斯在公元前 421 年之前有挑衅雅典人的举动；但是记述了雅典使节与米洛斯官员的一段对话，当时雅典派遣海军来到米洛斯岛，雅典人的语言表现出赤裸裸的强权政治意味，但与修昔底德史书记载的其他演讲没有本质差别，[35] 米洛斯人则向正义、"神"以及斯巴达求助。最后米洛斯遭到出卖，城邦的成年男子均被杀死，妇女儿童被变卖为奴隶。这个事件变得臭名昭著，部分原因就是修昔底德记载这件事的目的是为了与雅典人随后在西西里的弄巧成拙形成对比：我们至少应该留心到，不久前他曾用一句话记述了斯巴达人杀死阿戈里德一个城镇里所有的自由居民。[36]

尽管违背《尼西阿斯和约》的敌对行为层出不穷，然而斯巴达人没有侵犯雅典领土，雅典人也同样没有入侵斯巴达领土，双方都没有宣称和平即将结束。终于在公元前 414 年，雅典同阿尔戈斯突袭拉科尼亚东部，斯巴达人将此视为对和平的彻底破坏。

与此同时西西里爆发了一场重大的战役，[37] 这件事成了战争的转折点。雅典的盟友，西西里岛西部的塞杰斯塔与塞里努斯交战，后者得到叙拉古的帮助。塞杰斯塔求助雅典，欺骗雅典使节他们有财力回馈雅典人的帮助。在雅典，阿尔西比亚德急于出兵，并把这件事看作是向西扩张的起点；尼西阿斯处事谨慎，认为雅典不可能获得长期的成功（这是正确的，控制西西里岛与控制爱琴海各岛屿大不相同），而且认为雅典自身难保，不应卷入这里的纷争。尼西阿斯的担忧促使雅典在公元前 415 年派出了一支大军，带着比原先设想的更大信心和雄心出发了。指挥官共有三人，包括尼西阿斯和阿尔西比亚德（普鲁塔克认为不是后者），以便相互牵制，调和对方的过激行为。虽然尼西阿斯没有在公民大会上获得多数支持来阻止冒险远征，但他还是能或者有足够支持保证自己在军中有一席之地。赫莫克拉特斯在叙拉古受到反对和怀疑，但战争结束他反而得到了有影响的地位。

当雅典人到达塞杰斯塔，却发现他们并不像所希望的那样受到欢迎，塞杰斯塔也无力兑现他们承诺的资金；随后阿尔西比亚德应召回国接受审判，[38] 他中途逃去斯巴达，煽动斯巴达人反对雅典。雅典远征军从卡塔纳营地出发，走海路来到叙拉古，打了一场胜仗，却无法持续获胜。公元前 414 年，他们又返航到叙拉古，在城外的高原上安营扎寨，开始修建封锁墙阻隔驻军；开局良好，只是完成得太慢，被斯巴达将军吉利普斯指挥伯罗奔尼撒军队攻破。到目前为止，雅典的第三名指挥官已遇害，尼西阿斯却丧失了斗志，最后病倒了，雅典人没有解除他的职务，而是在公元前 413 年又派出一支大军（其中一名指挥官德谟斯提尼在 20 年代虽然不是常胜将军，但精力充沛）。雅典人想要重新控制高原，先在夜间挑起战争，被击退；接着海军也没能驶出大海湾；当他们最终打算从陆地撤退时，被叙拉古人抓了个正着。他们踌躇满志，却一败涂地；士兵和舰船有去无回，投入的钱也打了水漂；雅典人第一次从战无不胜的宝座上跌落了下来。

战争结束（公元前 413 ~ 前 404 年）

公元前 413 年，斯巴达国王埃杰斯率领伯罗奔尼撒军队，在阿提卡北部的狄西里亚建立了一座堡垒（这是又一例军事要塞[39]），战争结束前一直在此驻军，全年阻止雅典人在农村劳作和开采银矿。此前一年雅典已经入侵拉科尼亚（参见上文），在西西里的雅典人大量减少，降低了他们敢作敢为的概率。

雅典人决心继续战斗。支持斯巴达的城邦越来越多，包括现在有底气背叛雅典的提洛同盟成员、小亚细亚西部的波斯总督、萨迪斯总督提萨弗尔奈斯和达斯库利乌姆总督法尔纳巴佐斯。斯巴达最终通过赫勒斯滂海峡战略赢得战争（参见下文），但在公元前 412 年，由于有望得到希俄斯的海军支持，再加上阿尔西比亚德与米利都的关系，他们决定把重点放在爱琴海上，于是同提萨弗尔奈斯和波斯人签订了第一批条约，波斯借此收复以前的领土。雅典向萨摩斯岛派遣了船只，一直到战争结束这里都是他们在爱琴海的海军基地。

有传言说在国王埃杰斯不在的时候，阿尔西比亚德和王后私通，生下了一个儿子，阿尔西比亚德因此与斯巴达人翻脸。[40] 于是他设法加入提萨弗尔奈斯麾下，然后联系雅典人并暗示如果雅典民主政治变为寡头政治，再召回自己，他就可以劝诱波斯人从支持斯巴达转向支持雅典。结果雅典发生政变（见下文）。[41] 公元前 412/1 年冬，斯巴达同波斯的关系出现裂缝，但阿尔西比亚德没能借机将波斯人拉拢到雅典阵营（波斯不可能真正支持雅典，直到公元前 407 年雅典人才认识到这一点）；公元前 411 年春，波斯与斯巴达重申同盟关系，明确要求其领土边界在小亚细亚大陆，绝无后撤可能。公元前 411 年秋，雅典内乱，斯巴达人错失进攻时机；[42] 斯巴达在爱琴海的舰队迁至赫勒斯滂海峡，雅典人尾随至塞诺西马，在这里将他们打败。修昔底德就在这里停笔，以后的故事色诺芬和狄奥多罗斯有不同说法：[43] 虽然狄奥多罗斯的叙述有漏洞，但有理由认为，他的记载在许多方面都比色诺芬的更可取。

阿尔西比亚德加入了雅典海军，随后几年里，雅典在北方一路凯歌。公元前 410 年，在普罗滂提斯海的库济库斯海战和陆战中，他们诱击斯巴达人，杀死指挥官门达拉斯，后来斯巴达幸存者用 11 个希腊单词传信回国："舟沉，将死，兵饥，诚不知所措。"斯巴达求和，遭到雅典拒绝。[44] 此后，民主制在雅典重新建立起来。[45] 虽然雅典海军在公元前 409 年不尽如人意，却在公元前 408 年依次收复布普鲁斯海峡小亚细亚一侧的卡尔西登、普罗滂提斯海的塞林布里亚以及在布普鲁斯海峡欧洲一侧的拜占庭。公元前 407 年，一支海军舰队收回爱琴海北部的萨索斯，雅典主力舰队凯旋，阿尔西比亚德结束公元前 415 年开始的流亡生涯，首次返回雅典。[46] 他洗脱了过去的罪名，史无前例地坐上了雅典总指挥官的位置。

与此同时，斯巴达与波斯的进一步谈判有了结果，波斯国王的小儿子居鲁士（16 岁）同意指挥斯巴达对抗雅典的更激烈的战斗，也许还同意战后小亚细亚大陆的希腊人可以在其他方面保持自治，但必须向波斯进贡。公元前 407/6 年，斯巴达海军统帅莱山德与居鲁士建立了良好的关系，他们在以弗所升级斯巴达舰队。阿尔西比亚德率领一支雅典舰队来到以弗所北面大陆的诺丁姆，公元前 406 年初离开时将军队托付给一位朋友安条克，并要求在他回来前不要冒险应战；安条克和莱山德都使出诱敌之计，上一次在库济库斯雅典人成功了，这一次斯巴达人成功了。阿尔西比亚德回来后主动开战，但斯巴达不应；于是他不等被起诉，就主动离职，流放到普罗滂提斯海附近的色雷斯。

这时候的斯巴达海军统帅在任一年，禁止连任。公元前 406/5 年，莱山德的继任者卡利克拉提达斯不愿向波斯人折腰，反对借助波斯之力攻打希腊同胞。他携军北上莱斯沃斯，占领了麦提姆纳城邦；卡侬带领雅典舰队随后抵达，在密提林港被卡利克拉提达斯围困。雅典人倾全邦之力，另组建了一支舰队：熔化黄金祭品换成钱币，愿意参战的奴隶可以获得自由，现任的八位将军全部上阵。公元前406年夏，卡利克拉提达斯不得不兵分两路，牵制卡侬的同时对战雅典援军；雅典新军在莱斯沃斯和大陆之间的阿吉纽西群岛附近获胜，卡利克拉提达斯战死；由于天气恶劣，雅典人没能从废船和死尸堆中救出幸存者。[47]

公元前405/4年，由于不能再次任命莱山德，斯巴达人委派了一名傀儡统帅，让莱山德任其助理。莱山德用波斯的钱，重振了以弗所的斯巴达舰队，而波斯国王居鲁士出发去参加父亲葬礼，遇到王位争端，随后北移至赫勒斯滂海峡，攻下亚洲一侧的兰普萨库斯。雅典人占据了对面空旷的羊河海滩。阿尔西比亚德闻讯前来，批评雅典人选址不当，并提出他在色雷斯的朋友可以帮忙，但他现在无法再得到他们的信任。这一次雅典打算再次诱敌，但剩下的船只还没有准备好，莱山德就已经带领整个斯巴达舰队压境，只有卡侬带着几艘船逃往塞浦路斯，其余大部分雅典舰队被俘或被击沉。

莱山德重新夺回拜占庭和卡尔西登，接着开向雅典。公元前405/4年冬，在陆地包围和海上封锁之下，雅典在春季接受了斯巴达的条件（尽管斯巴达的一些盟友本来希望摧毁雅典）：拆除城墙和比雷埃夫斯海港的城墙，交出海外据点和军舰，只能保留12艘船舰，召回流亡者（主要是公元前411～前410年的政治寡头）[48]，并隶属斯巴达盟国。战争最后阶段双方都面临内部分歧：雅典的分歧是选择寡头政治还是民主政治，斯巴达的分歧在于是否兑现给波斯的允诺；雅典的状况比大多数人在公元前 413 年预料的要好得多。由于雅典人在西西里弄巧成拙，斯巴达人在波斯的帮助下撑到了雅典战败，最终实现了终结雅典帝国的战争目标。拆除雅典城墙被誉为是"希腊自由之始"；莱山德获得了空前的荣耀，包括敬献给德尔斐的祭品———一组"水师"雕像，展示海神波塞冬为他加冕；在萨摩斯也出现以他命名的竞赛（斯巴达公元前 404 年拿下这里）。当然，希腊并不会就因此无忧无虑，我们将会在第 7 章中看到。

战争期间的雅典

除了公元前 411 年（下文），修昔底德的史书很少记叙相关事实，他没有详述雅典内部事务。在战争期间，比埃斯库卢斯和索福克勒斯都年轻的欧里庇得斯所创作的悲剧完整表现了对残酷战争的认识，但至少让现代读者感觉他对故事结局的处理稍有问题。阿里斯托芬从公元前 5 世纪 20 年代开始创作，也为我们提供了丰富史料。由于是喜剧，大家还没有形成一致意见：他的戏剧能够获奖，肯定是非常受欢迎，可是他的幽默怎样和严肃观点结合在一起；他是否瞄准了所有可以一笑的目标，或者他的嘲讽能否反映出一个显而易见的观点；可以肯定的是，他更加同情传统政治家，而不是新兴政治领袖（参见下文），尽管既不支持斯巴达也不是绥靖主义者，但他仍认为一些雅典人太过好战。同时代的另一件作品是名为《旧寡头》的小册子，《雅典政制》与色诺芬作品一同保存，立场就是："民主"本身就不合理，它喜欢的是底层人而不是优胜者，但雅典作为一个海上强国受益于"民主"并取得了成功（到了公元前411年，平衡实际上已不存在，民主政治已经被颠覆：见下文）。

公元前430~前426/5年[49]，一场瘟疫造成约三分之一的雅典人死亡，伯里克利在公元前429年秋也染病离世。修昔底德在他的最后评价中既夸大了伯里克利在雅典的权力，也夸大了控制民众的伯里克利与后来竞相取悦民众的政治家之间的区别。[50]然而，他的死亡确实标志着改变。伯里克利既接受民主政治，也属于从梭伦时期以来就统治雅典的那个阶级；在他之后的政治领袖大都来自原来没有统治地位的新富家族；其中一些政治领袖["平民领袖"（*demagogos*）这个词就发源于此]就采用了大肆夸耀平民主义的方式，这在雅典是一股新风。公元前5世纪上半叶的政治领袖一般当选为将军，但新式政治家往往不会年复一年长期执政，而另外一些人，比如德谟斯提尼，常常担任将军，在政治上反而不那么活跃。

公元前5世纪20年代最出众的政治家就是克里昂（可能在30年代他就很活跃），他的父亲拥有一家制革作坊。修昔底德不喜欢他，[51]认为他"相当暴力""擅长花言巧语"，而阿里斯托芬指责他常常诬告对手、喜欢大肆空头承诺。尼西阿斯谨小慎微，靠开采银矿发家，好像是政坛新秀，但又极力模仿早期政治家的风格。克里昂可能没有想到被人推上将军之位会与皮洛斯有关[52]：在公民大会中，他大肆嘲弄尼西阿斯，说他软弱，后者欣然让出将军位置；他承诺要么从皮洛斯手中夺回斯巴达人，要么在20天内杀死他们，结果成功了（修昔底德评论说但凡理智的人都会认为此举无异于自取死路）。[53] 阿尔西比亚德在这一时期的表现出类拔萃，其公元前 421 年后政绩卓著：他来自旧政治阶层（与他的父亲去世后伯里克利担任其监护人有关），招摇而自私，想要在"平民领袖"得势的时候打败他们。

公元前 422 年，克里昂在安菲波利斯遇害，[54] 希伯波鲁斯渴望接任他的位置，但不知出于什么原因遭到民众的鄙夷。尼西阿斯公元前 421 年协助签订和平条约，并极力维护和平，阿尔西比亚德联合伯罗奔尼撒同盟进行破坏未果。[55] 阿尔西比亚德支持公元前 415 年西西里的远征，尼西阿斯对此非常反对，不过没有奏效；二人在其他方面也针锋相对。[56] 公元前 426/5 年，雅典"净化"提洛岛，移除所有埋在提洛岛的尸体，并设立或者说恢复了一个重大节日；公元前 417 年，尼西阿斯率雅典代表团大展身手。在公元前 416 年的奥林匹克竞赛上，阿尔西比亚德在双轮战车赛中派了七支队伍参加（其中一支的归属问题存在争议），分别获得第一、第二和第四，此举更为自私。

公元前 415 年春，希伯波鲁斯提出放逐的议案，要人们投票放逐阿尔西比亚德或尼西阿斯。但两人的支持者联合起来反对希伯波鲁斯：结果希伯波鲁斯被赶出城邦，阿尔西比亚德和尼西阿斯则留在雅典，继续他们的斗争。这可能是阿尔西比亚德的计策，既摆脱了希伯波鲁斯，又使尼西阿斯受他恩惠。放逐法虽仍存在于法令书上，但从此再没派上用场：针对特定男子的诉讼更能打击目标。

西西里远征之前不久的某个夜晚，大部分雅典界碑（柱基上有赫耳墨斯神半身像）被毁。调查组成立后，寻访得知有私人住宅里曾模拟埃莱夫西斯神秘仪式的庆典，阿尔西比亚德也参与了庆典。有人认为这是反对民主的阴谋：这似乎不太可能；相反更可信的说法是为了诋毁阿尔西比亚德，给这次远征制造噩兆。阿尔西比亚德打算在出发之前接受审判，以便无罪开释，结果没有成功。等再接到法庭传唤，他就逃去了斯巴达；[57]他和其他人被判犯有一到两项罪名，财产被没收作为西西里远征的资金。

公元前413年西西里战败，雅典人力、海军、财政以及士气一落千丈；但是他们决定继续战斗，而斯巴达不仅在阿提卡的狄西里亚有一处堡垒，还得到了波斯和部分提洛同盟城邦的支持。[58]到了公元前412年底，阿尔西比亚德和斯巴达人关系破裂，来到总督提萨弗尔奈斯的宫廷，暗示他在萨摩斯的雅典舰队里的支持者，如果雅典结束民主代之以寡头统治，再召回自己，那么他可以说服波斯人支持雅典。[59]雅典、萨摩斯同萨迪斯的谈判没有得到波斯支持，但寡头政治一派却决定在没有波斯和阿尔西比亚德的情况下继续：约公元前411年4/5月，说服雅典公民大会投票赞成新制度——四百人议事会掌权和公民全体理论上仅限于五千人，这个政权试图与斯巴达达成和解，未果。推翻"民主"的人动机各有不同：希望打败斯巴达或结束战争；废除"民主"所依赖的津贴来节省开支，对民主政治利弊的考量，是否信任阿尔西比亚德；失去舰队将扰乱雅典内部的社会平衡。皮桑德公开大力倡导变革，演说家安提丰也在背后支持；[60]塞拉门尼斯和其他人既设立了寡头政治，后来又极力推动改革中间政权。政治寡头在雅典掌权的时候，萨摩斯（作为流亡者的城邦）的雅典人宣布支持"民主"，阿尔西比亚德也是其中之一。

后来证明四百人政权比那些曾投票支持的人预想得更加专制。9 月，当四百人政权在比雷埃夫斯建设堡垒时，在那里工作的人发动叛变。斯巴达舰队穿过萨罗尼科湾，没有去比雷埃夫斯，而是绕过阿提卡到大陆与埃维亚岛间的埃夫里普海峡；尾随的雅典舰队被击败。斯巴达人当时没有抓住机会袭击雅典，但这一事件引发雅典人推翻四百议事会，建立了以五千人会议为基础的中间政权。新政府坚持战争，与萨摩斯的舰队和阿尔西比亚德合作。修昔底德史书在结尾处没有指出民主政治是否恢复，色诺芬也没有提到这一点。可能发生在公元前 410 年的库济库斯的胜利[61]提醒雅典人，他们需要一支能打胜仗的海军。

有一段时间，强烈推崇"民主"的一派和不怎么热心"民主"的一派矛盾重重，阿尔西比亚德的立场很尴尬：虽然公元前 415 年对他的定罪仍然有效，但是由于受到海军的拥戴，他仍然担任将军统领舰队。在北部取得成功之后，阿尔西比亚德于公元前 407 年返回雅典：他正式洗清了罪名，并且派军护送从雅典去埃莱夫西斯的传统游行队伍，以此向埃莱夫西斯女神请罪（当斯巴达人在狄西里亚时，游行队伍已经从海上通过）。阿尔西比亚德不仅成为十将军的一员，而且担任他们的统帅。虽然回到了爱琴海，但公元前 406 年，诺丁姆的安条克战败，他再次被放逐。[62]羊河一役，他想要重新加入雅典军队遭拒；[63]战争结束后他来到波斯，最后被法尔纳巴佐斯杀害。

公元前 406 年，斯巴达将卡侬包围在密提林，雅典人费劲心力集资组建另一支舰队：在紧张局势加剧的时候，这支舰队击败了阿吉纽西群岛的斯巴达人，但由于天气恶劣，没能从遇难船只上打捞回尸体和幸存者。[64] 雅典人一方面因为取胜感到宽慰，另一方面因为战争带来的后果而感到愤怒：部分三层桨战船的指挥官（包括塞拉门尼斯，但我们不应将此视为政治寡头和"民主"之间的冲突）和将军们试图逃过民众的愤怒指责，直到非常规公民大会召开，决定判处涉事的八名将军，其中返回雅典的六名将军被处死。

欧里庇得斯最近的悲剧创作被认为是逃避现实而且夸张煽情。阿里斯托芬在公元前 414 年（当时西西里冒险正在进行）创作的《鸟》仍然是轻快的；而公元前 411 年的《吕西斯特拉忒》则反映对和平的真实渴望。公元前 405 年的《蛙》是对索福克勒斯和欧里庇得斯近期去世的哀叹，但变成了埃斯库罗斯和欧里庇得斯之间的比赛；两位诗人面前的第一个问题就是："如何看待阿尔西比亚德？"

这个时期的主要政治人物是克里奥丰，其父曾任将军。当斯巴达在狄西里亚的时候，克里奥丰制定法令发给没有其他谋生手段的公民两奥波尔补助金；他坚决反对和斯巴达讲和，羊河一役后雅典无力继续抵抗，他仍坚决不肯与斯巴达讲和。后来克里奥丰因擅离职守而被处死，公元前 404 年，塞拉门尼斯与斯巴达谈判和解。"民主政治"败退；海军在可预见的将来变得不那么重要；斯巴达将领莱山德酷爱极端的寡头政治。自然而然，雅典签订投降书后将面临又一轮的寡头统治。[65]

第 6 章
希腊世界的生活

家庭与职业

　　一般来说，从希腊古时候直到近期，男女各有分工，角色不同（不过最底层家庭里的界线没有那么清晰）：男性世界包括农耕捕猎、运动竞技和战争政治；女性世界着重于家庭和户内职责，只有部分祭司可由女性担任，少量宗教节日只限或允许女性参加。25 岁及以上男子一般可以和 15 岁及以上的女子结婚，女方会带上嫁妆；把妻子限制在家里的一个原因是确保丈夫是孩子的父亲。最好能多生几个孩子，因为不是所有孩子都能活到成年；但又不能生太多，否则会养不起。财产首先属于男方，在他死后则分给他的儿子们继承；雅典女子如没有兄弟，就必须寻得一名入赘男子来继承家庭和财产，也有城邦对女性继承财产的限制没有那么苛刻。教育一般是私人事务；但对于斯巴达公民来说，是养育婴孩还是抛弃任其死亡由公众决定，男孩和女孩从 7 岁开始接受严苛的公共训练项目。由于斯巴达女性公民大部分时间都与男性同胞在一起，所以斯巴达女性比大多数城邦的女性更加自由。[1]

城邦是公民和具有城市身份的自由成年男性的社区，但在雅典，因公民身份尤其受人青睐，所以要求非常严格，作为雅典公民，父母双方都必须是雅典人[2]。外邦人如果能提供良好服务也可获得公民身份，公民短缺的城邦可能要求相对宽松，但是如果仅仅居住在某个城邦，一般没有权利申请成为其公民。大多数城邦都会有一些自由非公民居民，而雅典尤其多（雅典语中的"外邦人"），他们必须接受公民授予他们的权利和义务；除非享有特权，否则不能在该城邦领土上拥有土地和房屋。

各城邦还有非自由人，包括当地居民中的私人奴隶和下层阶级。私人奴隶要么父母就是奴隶，要么是战争中的俘虏；但是希腊的俘虏通常会被赎回，因此大部分奴隶不是希腊人。奴隶是属于国家或个人所有的财产：对于有特殊技能或可能重获自由的人，他们的情形相对良好，但那些雅典银矿上的苦力则生活在水深火热之中。在雅典少数极其富裕的人才拥有大量的奴隶，他们自己不需要为谋生而去工作，但只有最穷苦的公民才会完全没有奴隶。原居民变为奴隶的最典型例子就是斯巴达的希洛人，[3]无独有偶，雅典佃农"六一农"也是原居民变为的奴隶，后来在梭伦改革时得到解放。[4]虽然大多数希腊人不是无所事事的寄生虫，但若是没有妻子儿女、外邦人和奴隶分担其他工作，也不可能有如此多的公民能把大把时间花在公共生活上。

在希腊，至少上层社会的理想是有公民身份的农民拥有土地并在其上劳作和生活。在古典时代，城邦通过贸易而不是地方生产来满足某些需求（对于当地生产来说，丰年歉岁之间的差别可能相当大），并会有鞋匠、制陶工和建筑工等，他们生计的主要来源不是农业生产。作为一个繁荣的大城邦，许多人接受现金支付。雅典的经济比其他地方更加多元化和货币化，但即使是这里，大部分公民也都拥有土地，并在一定程度上靠自己的收成度日。富人拥有许多独立的份地，而不是大片连续地产；在较小城邦，多数人住在城邦内，在城邦外耕作（在雅典，围绕阿提卡⁵的德莫是当地人的居住中心）。工艺品由少数工人在小作坊里制造，而不是在大型工厂里进行；建筑项目不是交给大型承包商，而是依靠众多个体供应商和工人。海外贸易不是由商船队完成，而是由个人所有的船只进行，船东/船长带着自己的商品和其他商人的货物；尽管政府会插手重要利益相关领域（如粮食供应、造船材料以及管制市场诈骗行为），但并不从整体上掌控贸易的方方面面。公元前5世纪30年代⁶，雅典对迈加拉实行经济制裁，规模很大，可能没有先例。

文化生活

尽管希腊人可以将神圣事物与世俗事物区分开来，但希腊宗教作为不可分割的一部分深深"嵌入"群落生活，就像基督教曾经嵌入欧洲社会和某些宗教仍然存在于现代社会一样；城邦可以就宗教事务（如建筑、祭司职位、节庆规定等）和其他事物作出决定，宗教职位的委任本质上与其他任免没有差别，也不矛盾。有为数甚众的男神和女神，虽然在希腊世界这些神整体上呈现相似性，但同一神祇在各个地区有不同的头衔和祭祀仪式，[7]如雅典娜在卫城被称为守护女神，她同时是先锋女神和胜利女神。还有的祭仪可能来自别的希腊城邦或非希腊文化：公元前 420/19 年，雅典引入医神阿斯克勒庇俄斯；公元前 410 年，拓展了色雷斯女神本狄斯的祭仪。[8]希腊神话故事中的神与凡世男女一样也有善恶，不过从公元 6 世纪开始，有知识分子攻击这种观点（参见下文）。宗教取决于信仰，但没有系统的神圣经书或正统教义强迫人们接受，最重要的是在宗教场合以恰当方式参与仪式，与神保持良好的联系。

公众崇拜的典型行为是献祭屠宰的牲畜或其他食物，常常由游行队伍呈上祭坛；这种仪式不仅为神灵制造烟雾，也为敬拜者提供了盛宴。节庆中还包括一些活动，它们在现代文化中与宗教庆典毫无关系，尤其是音乐和诗歌表演以及运动竞技。（供男子运动的体育场馆很常见，从公元前 4 世纪起逐渐成为知识分子的聚集地。）埃莱夫西斯祭祀得墨忒耳和科莱的这类神秘仪式包括启示新教众，更关注个人的精神福祉。有的神庙成为"治愈"的源头，患者来此探访，希望第二天清晨离开时已经痊愈。一些神庙，比如德尔斐的阿波罗神庙和奥林匹亚的宙斯神庙，不仅得到当地居民的膜拜，还吸引了四面八方的希腊人；雅典的泛雅典娜节由于太具地方特色，没能把影响力扩大开，但埃莱夫西斯的神秘确实有更广泛的吸引力（野蛮人被排除在外，不过希腊奴隶也可获准进入）。[9]

议事会和公民大会始于宗教仪式和对成功的祈祷，但"众神"并不会向城邦下达指令："神灵"的意志可以通过神谕和预兆来了解，但何时何地求取以及如何解释隐晦的答复取决于人类自己。

希腊文学流传下来最古老的就是史诗：荷马的《伊利亚特》和《奥德赛》讲述了传说中希腊对战特洛伊的两个故事，[10] 写于口头诗歌鼎盛时的公元前 8 世纪末期，成就极高。从赫西俄德开始，也可能稍后时期，《神谱》和《工作与时日》诞生了，前者讲述神祇起源和宗谱，后者为诚实工作的一生献策。公元前 7 世纪到公元前 5 世纪有各种形式的抒情诗，本书前几章引用了其中一些作为素材。有的诗歌是为了公共场合的合唱表演而创作：众神的赞美诗，婚礼葬仪的歌曲，竞技胜利（如品达和巴库里德斯）和军事交锋的颂词（如巴库里德斯的叔父西摩尼得斯；记载军事交锋的警句也铭刻在纪念碑上）。有的诗歌为个人表演而创作，通常写于上层阶级的"酒会"（饮酒派对），此外还有描述诗人自己生活的诗歌，或关注公众问题，后者既有讨论普遍性问题的，也有针对特定背景的（如斯巴达的提尔泰奥斯，迈加拉的塞奥格尼斯，莱斯沃斯的阿尔凯奥斯，雅典的梭伦）。来自莱斯沃斯的女诗人萨福（公元前 7 世纪）描写女子同性倾向。

公元前 5 世纪~前 4 世纪，雅典适逢其时，成为希腊的文化中心。雅典戏剧是公元前 5 世纪诗歌的独特形式，在祭祀狄奥尼索斯的酒神节竞赛上表演。悲剧极为严肃（对比竞赛中更加通俗幽默的讽刺戏剧），情节取材于希腊传说中的英雄时期（除埃斯库罗斯的《波斯人》外，现存及部分失传戏剧的剧本都是这样）；埃斯库罗斯、索福克勒斯和欧里庇得斯三人很快成为经典作家，他们将悲剧流传了下来。公元前 5 世纪的喜剧形式（"旧喜剧"）采用荒诞不经的情节，关注当时的政治文化主题和人物，常常出现低俗闹剧式幽默，从公元前 5 世纪 20 年代到公元前 4 世纪 80 年代，阿里斯托芬的一系列戏剧都流传了下来。公元前 4 世纪初中期的"中间喜剧"，表现得更加克制一些，减少了戏中的合唱成分；保留完整的剧本只有阿里斯托芬最后留存的《公民大会妇女》和《财神》。公元前 4 世纪末和公元前 3 世纪的"新喜剧"主要是普劳图斯和泰伦斯改写的拉丁文版本，但最近出土了大量记载米南德（公元前 4 世纪末 3 世纪初，并不是当时最成功的作家）作品的莎草纸：这些戏剧的背景虽然也是那一时代，但主题大都关于家庭生活，如弃婴、爱人的误解，而不是公共话题。新喜剧从中间喜剧发展而来，减少甚至取消了合唱。

现存最早的希腊散文写于公元前 5 世纪后半叶：公元前 450～前 425 年，希罗多德（来自小亚细亚的哈利卡尔那索斯，被流放）写下了一部内容广泛、理性生动的历史，高潮部分就是公元前 5 世纪 90 年代的爱奥尼亚起义和公元前 490 年及公元前 480～前 479 年的波斯入侵希腊的历史；要不是希罗多德零零碎碎地引用前人著作（现已失传），可能这些前人的著作就会失传，但希罗多德的史书远超前人。公元前 430～前 400 年，雅典的史学家修昔底德写下了深刻而权威的《伯罗奔尼撒战争史》，美中不足的是其内容狭隘，过度集中。[11] 此后史书越来越多。一些作家有意续写修昔底德未完成的历史：雅典人色诺芬编写《希腊史》（希腊事务），他的记述涵盖了从公元前 411 年到公元前 362 年的历史。[12] 其他作家或长或短地提到了希腊世界及以外（公元前 4 世纪，小亚细亚库梅的厄弗罗斯是公元前 1 世纪史料的主要来源；狄奥多罗斯·西库路斯的现存作品涵盖公元前 5 世纪和公元前 4 世纪上半叶）；另一些选择了更有针对性的范围，如特定城邦的历史（一系列《阿提卡地方志》写于公元前 5 世纪末至公元前 3 世纪初，但都没有保留下来）。公元前 350 ~ 前 325 年，亚里士多德学派创作了 158 部《政制》，其中《雅典政制》得以保存，为后人留下了一部政制史，并对撰写时的工作情况进行了说明。[13] 有关亚历山大大帝的记载可见此书：有几部写于他去世后数十年里，现存最早的是狄奥多罗斯史书的第十七卷。

从公元前 5 世纪后期开始，公共演讲的专业知识受到重视，公元前 420 年至公元前 320 年间的大量雅典演说被保存下来，主要是关于法庭案件，也有少数公民大会等场合的演讲。前期主要有安提丰、安多基德斯和吕西亚斯；后期以德摩斯梯尼、埃斯基涅斯和希佩里德斯为代表。在法庭上，诉讼当事人必须亲自为案件辩护，但可以花钱请人写稿，也可以请辅助演讲者助阵。[14] 流传到我们手上的演说（作为演讲模式而不是史料来源）与最初发表的演讲是否相符尚不清楚；同一案件双方发言的情况都保存下来的很少，更不用说案情结果。伊索克拉底出生于公元前 5 世纪 30 年代，卒于公元前 4 世纪 30 年代，前后将近一百年，他在公元前 4 世纪 90 年代撰写法庭演讲稿，之后创作演讲稿形式的政治小册子，并传授话术。其他小册子还有如《雅典政制》中的《旧寡头》一篇，与色诺芬的作品一起保存了下来，很可能写于公元前 5 世纪 20 年代。[15] 修辞学指为不同的场合撰写合适演说词的技巧，成为上层阶级教育的重要组成。高尔吉亚是西西里莱昂蒂尼人，公元前 427 年在驻雅典使馆任职，他字字珠玑的演说风格给听众留下了深刻的印象；《修辞学》是亚里士多德的大量著作之一，稍早一点儿还有兰普萨库斯的阿那克西米尼创作的《亚历山大修辞学》，与亚里士多德的作品一起保存至今。

与传统神话不同，哲学提出关于宇宙、神灵与凡人的问题，始于公元前 6 世纪的小亚细亚，尤其是米利都。公元前 6 世纪初，宇宙学家泰勒斯认为地球漂浮在水面上；阿那克西曼德认为万物源于无限；阿那克西米尼认为万物源于空气。数学家毕达哥拉斯从萨摩斯移居意大利的克罗顿，他对音高特别感兴趣（直角三角形的"毕达哥拉斯定理"就来自他的名字）。这些方法与传统的拟人化宗教相矛盾：泰勒斯相信"万物有灵"；毕达哥拉斯等人反对神有对错的说法。传统价值观也受到质疑：以弗所的赫拉克利特认为人类的法律应源于唯一一条神圣法则，而实际上统治者强制推行他们的意志，并将之称为"法律"。

公元前 5 世纪中后出现游历知识分子，即智者学派；他们不全是雅典人，但很多都在雅典生活过一段时间。其中一些人声称教授公共生活中成功所需的技能，特别是关于如何形成论点和发表演讲；他们热衷于对比，诸如表示"自然"的"physis"与表示"规范"的"nomos"，但在这里"nomos"指"规则"，恰恰只能由特定社区的人制定。一旦人们抛弃了传统的价值观和正确性，就会需要其他补充：公元前 5 世纪中叶，来自色雷斯海岸阿布德拉的普罗泰戈拉认为法律是人类准则，对于促进城邦生活不可或缺；但其他人，如雅典的安提丰（可能与演说家安提丰不是一个人）[16]

认为法律没有必要，只会妨碍能干之人过上自然允许的生活。

阿里斯托芬的《云》（公元前 423 年）讽刺雅典的苏格拉底，但公元前 4 世纪的色诺芬和柏拉图却将苏格拉底视作伟大导师。可能就像《云》里描述的一样，苏格拉底一度痴迷天体现象和修辞。色诺芬和柏拉图认为苏格拉底专注辩证推理：色诺芬认为他捍卫了美德的传统理解；柏拉图认为他常常指出别人观点中的漏洞，却很少提出自己的观点，并将知识等同于德行（人们之所以犯错是因为无法辨别正误）。同苏格拉底交往的年轻人中有些参与了公元前 5 世纪末的寡头运动，如阿尔西比亚德和克里蒂亚斯；这也是他在公元前 400/399 年因对"神"不敬而被定罪和处决的部分原因。

经过公元前 4 世纪的伯罗奔尼撒战争的动乱，希腊人开始寻求稳定。柏拉图出身雅典贵族，[17] 是政治寡头克里蒂亚斯亲属，他在城邦西北部的阿卡德米创立学院，撰写对话探讨道德、政治、知识和灵魂；还试图干预叙拉古的事务。[18] 学生亚里士多德来自卡尔西狄斯的斯塔基拉，曾担任亚历山大大帝的导师，回雅典后在城邦东面创办了吕克昂学院。他的作品主题多样，包括自然科学和文学，以及我们今天所谓的哲学和逻辑学，常常通过大量实地观察得出普遍道理。

城邦治理也是哲学家们感兴趣的话题之一，最早就是僭主政治 [19] 和制宪政治之争。公元前 5 世纪上半叶，他们采用君主制、寡头政治（贵族制）与民主制的三分法。[20] 智者学派认为政府形式属于准则领域：没有普遍正确的政府形式，而是人们选择对自己有益的那种。柏拉图在《理想国》里提供了一种新的类型学，从优至劣排序是：贵族政体、荣誉政体（根据对荣誉的渴望）、寡头政体、民主政体和僭主政体；他和亚里士多德区分了三种传统政治形式的好坏。

至于视觉艺术，公元前 7 世纪，科林斯和科林斯地峡地区首先出现有一或多间中央房间的带圆柱门廊或柱廊的恢宏寺庙；从公元前 6 世纪起，通常完全由石头建成。公元前 447/6 年至公元前 433/2 年，雅典卫城建造帕特农神庙，将这种形式发挥到极致。[21]那时还有其他类型的大型公共建筑：雅典议事堂（公元前 6 世纪末）、主席团总部的圆形建筑（公元前 460 年）和一系列的柱廊（开放式门廊：公元前 6 世纪末至公元前 5 世纪末）；公民大会的普尼克斯会场（原版可能在公元前 6 世纪），以及伯里克利剧场。公元前 6 世纪末至公元前 5 世纪末，西部地区修建了许多宏伟寺庙（西西里阿克拉加斯的一座庙宇）；公元前 5 世纪，雅典在希腊和爱琴海其他地区独领风骚，中叶，奥林匹亚的宙斯神庙和阿卡迪亚巴赛的阿波罗神庙建成。公元前 4 世纪的雅典建筑有：新议事楼，两个改建的普尼克斯会场，第一个狄奥尼索斯的大剧场和体育场（都建于公元前 330 年）。此外还有德尔斐新修的一座阿波罗神庙，医神阿斯克勒庇俄斯的新神庙，以及在阿戈里德的埃皮达鲁斯的建筑。古代世界七大奇迹之一哈利卡尔那索斯陵墓（公元前 350 年），结合了希腊和近东元素，可能也是卡里亚王朝摩索拉斯的英雄神殿。[22]从雅典到整个希腊，私人住所一般比较简朴，公元前 4 世纪中叶以后，富人开始建造更华丽的住宅。在卡尔西狄斯的奥林苏斯，私人建筑尤其多，公元前 348 年被马其顿国王腓力夷平，公元前 432 年重建并一直保持独立。[23]

古风时代的雕塑一开始是"代达罗斯风格"的小型人物，接着就是东方模式，然后在更大的规模上发展到埃及形式，雕刻裸体男性（kouroi）和着装女性（korai），姿态僵硬直视前方。随着时间的推移，人像更加自然，形态更为多样，但他们的举止仍死板克制（如德尔斐的青铜双轮战车车夫）。公元前 5 世纪，雕塑继续发展逐渐变得栩栩如生（阿尔戈斯的波利克里托斯制定了人体各部分比例的"准则"），设计利用帷幕的戏剧化效果，经得起各个角度观察，但过于理想化不够现实；相比石刻雕像，空心铸造的青铜像姿态更自由。一个很好的例子就是公元前 5 世纪中期雕塑家米隆的掷铁饼者。公元前 4 世纪的雕塑柔软度增强（雅典雕塑家普拉克西特利斯的《赫耳墨斯和小酒神》），西锡安的利西普斯完善了"准则"，创作更加精美。现存最早的雕塑看起来像人物肖像照，出土自摩索拉斯王陵，代表国王摩索拉斯和王后阿尔特米西娅或其先祖。

青铜时代希腊文明中留存下来的大型壁画已经相当成熟。在希腊古风时代，大型绘画通常在木板上，如在雅典画廊（公元前 425～前 450 年）和宙斯柱廊（公元前 5 世纪 20 年代）等建筑物中；仅有公元前 4 世纪在马其顿的艾加伊［Aigai，或译埃格，今维尔吉纳（Vergina）］陵墓绘画保存下来。据说克里奥奈的喀蒙创造了按远近比例缩小的图像描绘手法（公元前 500 年）；萨索斯的波吕格诺图斯和雅典的米孔（公元前 425～前 450 年）使用不同的地面线和分组来表示位置；大致同一时期，萨摩斯的阿戛塔耳库斯开始在雅典剧院进行场景绘画。埃吉伊的绘画是壁画，直接绘在墙壁上，构图（包括视角）和色彩使用别出心裁。

由于陶罐易碎但不会完全被毁掉，希腊世界留下了大量彩绘陶器。青铜时代再次出现了高质量和多样化的作品，特别是克里特岛的米诺斯文明。黑暗时代的希腊，公元前 1000 年往后，第一种风格是原型几何，以雅典为主要代表；公元前 900 年以后的几何风格更加复杂。约公元前 700 年前，希腊同外部世界交往再次频繁起来，受东方影响，带上了东方化的风格，科林斯取代雅典的领先地位：最初主要描绘动物，一般出现在简单饰品上；后来一些画家开始转而描绘人物（如公元前 7 世纪科林斯的戚吉陶瓶）。科林斯人在未涂漆的泥胎上绘画人物，这是遵循了"黑花式"的原则，公元前 6 世纪雅典正是通过这一原则重新引领风尚。公元前 6 世纪末，雅典陶器大部分转变为更灵活的"红花式"，以黑色为底，并用黑色线条勾画人物细节，要不使用黑色，人物就未上色。雕塑人物的姿态越来越多，描绘得也更加自然，这些雅典风格的雕塑占据绝大部分市场（公元前 5 世纪末和公元前 4 世纪西部有独立生产）。公元前 5 世纪末期，雅典出现了一种更浮夸艳丽的风格，白底彩绘和镀金，但不太适合现代品味；约公元前 4 世纪末，这种风格的装饰陶器逐渐过时。

第 7 章
伯罗奔尼撒战争之后
（公元前 404～前 360 年）

希腊世界的动乱

记载这段时期的史料有：色诺芬的《希腊史》，一直讲到公元前 362 年；狄奥多罗斯史书的第十四、十五章；[1] 普鲁塔克的《希腊罗马名人传》中有关斯巴达的《阿格西劳斯》一章；底比斯的《佩洛皮达斯》，以及雅典法庭演讲和各种公共文件铭文。

伯罗奔尼撒战争战败，雅典帝国走到了尽头。斯巴达并没有依照公元前 412～前 411 年签订的条约立即将亚洲城邦交还波斯，而是将它们与帝国的其他城邦一起接管，并向它们收取贡赋。莱山德酷爱专制寡头政治，在部分城邦组建十人团政体，在雅典实行三十人僭主。[2]

公元前 405/4 年，大流士二世去世，阿尔塔薛西斯二世继位；他的弟弟小居鲁士组建了一支有 10000 名希腊雇佣兵的军队（实际上一开始有 13000 名）后叛变，公元前 401 年在幼发拉底河的库纳克萨战败被杀；色诺芬的《长征记》就是讲述这场战争，以及希腊人是如何穿过亚美尼亚回到黑海的。提萨弗尔奈斯回到了萨迪斯，并向小亚细亚希腊人宣称主权：他们向斯巴达求援成功；如果它拥有一份公元前 407 年修订的条约，这就很容易解释了。[3]战斗起初规模较小，仅斯巴达人而不是国王们担任指挥官，士兵也只是普通斯巴达人，而不是斯巴达公民（包括 10000 名雇佣兵中最后的幸存者），中途屡次停火签订数条协议，考虑对小亚细亚希腊城邦的妥协问题。公元前 396 年，埃杰斯的同父异母兄弟和继承人[4]阿格西劳斯二世获得了指挥权。他试图像传说特洛伊战争中的阿伽门农那样在维奥蒂亚的奥利斯献祭，但遭到了维奥蒂亚人阻挠；公元前 395 年，他在萨迪斯附近打了一场胜仗（比雅典人在帝国时期更加深入内陆）；但公元前 394 年不得不返回希腊。

伯罗奔尼撒战争中的斯巴达盟友不满斯巴达在战争时期及结束后的行为，公元前 395 年，希腊中部的边界争端引起了科林斯战争（大部分战斗发生在科林斯附近），雅典复兴后联合维奥蒂亚、科林斯和阿尔戈斯抗击斯巴达。公元前 395 年，莱山德在维奥蒂亚的哈利阿图斯战败身亡；公元前 393 年，阿格西劳斯被召回，杀入维奥蒂亚，来到伯罗奔尼撒。与此同时，雅典将军卡侬在伯罗奔尼撒战争结束时逃到塞浦路斯，[5]一直在为达斯库利乌姆的波斯总督法尔纳巴佐斯组建舰队，公元前 394 年击败科尼多斯的斯巴达舰队，结束了斯巴达在爱琴海的霸权地位。这实际上是希腊人反对波斯统治的失败，但雅典人赞扬卡侬和他的塞浦路斯朋友埃瓦戈拉斯（来自统治萨拉米斯城邦的希腊王朝），把他们当作反对斯巴达暴政、维护希腊自由的卫士。

多场战争在希腊和爱琴海延续。在希腊，法尔纳巴佐斯和卡侬为斯巴达的敌人带来了波斯资助；为了巩固科林斯反斯巴达的决心，科林斯和阿尔戈斯之间建立了某种结盟。公元前 392 年，斯巴达转用外交手段，派遣安塔西达拜访萨迪斯现任总督提里巴佐斯，并向其他参与科林斯战争的城邦派遣特使（雅典派来被提里巴佐斯拘禁的卡侬）。有人建议，小亚细亚的希腊城邦应该归还波斯，其他城邦和岛屿则保持自治；但斯巴达的敌人不会接受。公元前 392/1 年冬，在斯巴达举办的一次会议上，雅典取得进展，斯巴达同意雅典保留三个爱琴海北部的岛屿：伊姆罗兹岛、利姆诺斯岛、斯基罗斯岛，上述岛屿几乎在整个公元前 5 世纪都属于雅典，伯罗奔尼撒战争末期被夺走，但又失而复得；[6] 斯巴达并没有对维奥蒂亚同盟[7]或科林斯与阿尔戈斯的同盟作出任何让步，并且仍然不愿意将小亚细亚希腊城邦归还波斯，所以协议再一次流产。

公元前 390 年，雅典人斯拉苏布卢斯[8]领导了一场运动，试图重新恢复雅典帝国的友邦和以往措施；他在公元前 389 年被杀害，继任者无意保持这种势头，公元前 387/6 年，雅典关于科拉佐美纳埃和埃吕斯拉埃的法令显示出雅典人仍然愉快且自信。然而，公元前 387 年，斯巴达海军统帅安塔西达有能力重新控制赫勒斯滂海峡，因此斯巴达底气十足，觉得可以根据需要签订条约。公元前 387/6 年，《大王和约》，又名《安塔西达和约》，强力执行公元前 392/1 年提出的条款：小亚细亚大陆属于波斯（与塞浦路斯一起，雅典一直支持埃瓦戈拉斯扩大权力，反抗波斯）；雅典将重新拥有那三座岛屿；其他城邦保持自治（雅典在伯罗奔尼撒战争后也失去了提洛岛，公元前4世纪90年代收复，《大王和约》签订后再次失去，但不久又收回）。斯巴达已经签订了他们想要的条约，并得到波斯支持，有权决定哪些条款适用于哪个城邦，哪些城邦自治：维奥蒂亚同盟必须解散（但放过了希腊其他地方的一些同盟），科林斯和阿尔戈斯联盟也被迫解散。这份条约不仅仅旨在结束科林斯战争，而是想象中所有希腊人获益的"共同和平"，可以用于希腊大陆和爱琴海中心的所有希腊人：有多少城邦声称参与科林斯战争却食言的尚不清楚，但西西里、意大利和北非等地的遥远城邦可能确实没有卷入战争。

和约是无可争辩的事实，它为下半个世纪希腊城邦间的关系提供了背景。经历了短时期的迷茫后，雅典人在公元前384年找到了前进的道路，与希俄斯结成纯粹防御性同盟，声称是基于自由自治，没有违背和约框架，[9]这种屈辱与公元前5世纪的辉煌判若云泥。[10]公元前380年，伊索克拉底在他的《献词》（第四卷）中重申雅典在希腊的领导，但斯巴达仍从自己的利益出发来解释和约。公元前385年，斯巴达将约100年前才统一的曼提尼亚分解成村庄。[11]从公元前382年到公元前379年，斯巴达应那些不希望被纳入哈尔基斯同盟的城邦之邀，攻打奥林苏斯在北部建立的哈尔基斯同盟；公元前382年，斯巴达借口底比斯拒绝参与强制要求哈尔基斯人执行和约的行动，在底比斯驻军，建立亲斯巴达政权。反斯巴达的底比斯人逃往雅典，然后卷土重来，公元前379/8年冬重新掌权。

最后，斯巴达在塞斯比阿（底比斯以西）的守军指挥官斯福德里阿斯发动突袭，雅典仿效希俄斯在公元前 378/7 年建立了城邦共同防御的第二同盟。现存有一份介绍此事的铭文及一份同盟成员的名单，这些名字分批加入，（可能）直至公元前 375 年。[12] 此后，同盟继续壮大：但不知道为何名单上的城邦数不再增加。雅典对盟邦许下各种承诺——不干涉政制，取消驻军、总督和贡赋，雅典不再私人拥有成员城邦领土，部分是为了保证雅典不会重蹈提洛同盟的覆辙，部分是为了证明"自治"货真价实。同盟成员议会（同盟议院）长期设在雅典：同盟议院不设雅典代表，而是与雅典议院合作，向雅典公民大会提交事宜并作最后决定。这些承诺并没有完全实现：公元前 4 世纪 70 年代，雅典将帕罗斯岛当作殖民地，要求它在雅典节庆呈送祭品，60 年代又镇压休斯岛起义，将部分诉讼转移到雅典；据考证，还设有驻军（公元前 375年首先在阿布德拉驻军，当时公民为了防御色雷斯人可能乐见其成）；尽管萨摩斯和波提狄亚不属于同盟，雅典仍然强制他们建立份地 [13]，[14] 这一变化令成员城邦提高警惕。最令人震惊的是，虽然雅典起初未主动向成员要求盟税，依靠部分城邦自愿缴纳，但从公元前 373 年开始小规模收取盟税，但因规模不大从未让雅典富裕起来。

　　在接下来的几年里，雅典一直在召集同盟成员，而且相当成功，因为相比提洛同盟的回忆，希腊城邦更忧心斯巴达目前的所作所为——国王阿格西劳斯企图重新控制底比斯，虽然没有得逞。公元前 376 年，阿格西劳斯病倒，另一位国王克里奥布罗都斯一世不那么热衷反对底比斯，一支斯巴达海军舰队试图阻止雅典从黑海运粮，结果在纳克索斯岛败退，这是雅典海军在伯罗奔尼撒战争结束后首次获胜。公元前375年，底比斯在特吉拉击败维奥蒂亚的斯巴达驻军，包括新成立的由职业民兵精英组成的"神圣军团"；雅典在西部发动战争，分散斯巴达力量，把斯巴达舰队赶出琉卡斯对面的阿利齐亚。斐拉埃僭主伊阿宋在色萨利逐渐强大起来，法萨鲁斯向斯巴达求援对抗伊阿宋，斯巴达无力回应。

公元前375年，《大王和约》修订，可能是因为波斯需要希腊雇佣兵在埃及作战。[15]雅典祭祀和平女神厄瑞涅，并建立起一座神像。但西部战火几乎立即复燃：公元前372年雅典和克基拉民主派取胜，战事结束。与此同时，底比斯组建了新维奥蒂亚同盟。公元前5世纪末和公元前4世纪初，同盟以选举单位为基础组织，这样一来大城邦占有一个及以上的单位，小城邦则共享一个单位，其他城邦附属于这些城邦中的一个，不正式出席。新同盟以底比斯举行的会议为基础，由底比斯管辖，公元前4世纪70年代期间，底比斯采取军事行动对付维奥蒂亚的敌对城邦，摧毁普拉提亚和塞斯比阿。

公元前371年，底比斯威胁到了佛西斯的邻近地区，斯巴达国王派遣克里奥布罗都斯率军前来防卫。雅典日渐不满强大的底比斯，在斯巴达召开会议时鼓动再次修订《大王和约》。最初达成了一项条约，底比斯人在其中被称为"底比斯人"；底比斯人不久反悔，要求纳入"维奥蒂亚人"，后来阿格西劳斯和底比斯领袖伊帕米农达发生争执，底比斯人被赶出同盟。克里奥布罗都斯接到命令，如果底比斯妨碍维奥蒂亚城邦自治将发起进攻，结果在维奥蒂亚西南的留克特拉战役中，底比斯改变重装步兵的正常方式，没有袭击右翼而是加强左翼，击败斯巴达，杀死了克里奥布罗都斯。这是希腊历史上的关键时刻之一：斯巴达的重装步兵所向披靡有口皆碑，如今已经名不符实。

　　战争结束后，重新签订了共同和约，这次由雅典组织。此后一段时期内，伯罗奔尼撒半岛动荡不断，斯巴达人无力加强他们在其他城邦建立的亲斯巴达政权，也没有其他伯罗奔尼撒城邦足够强大来填补空缺。特别是，曼提尼亚重建了公元前 385 年被斯巴达解散的单一城邦，又与其他城邦共建阿卡迪亚同盟，新都位于拉科尼亚和美塞尼亚边界附近的麦加罗城。阿卡迪亚、伊利斯和阿尔戈斯一起加入反斯巴达同盟，公元前 370/69 年冬，在底比斯的支持下入侵拉科尼亚，解放美塞尼亚，这一失利令斯巴达始料未及。底比斯同其他希腊中部城邦一起退出雅典同盟，并建立自己的同盟；雅典将此视为更大的威胁，公元前 369 年，在成立反斯巴达同盟后不到十年与斯巴达订立同盟。在公元前 369/8 年一项令人沮丧的法令中记载，当密提林询问雅典的政策变动时，政治首领卡利斯特拉图斯 [16] 回答："斯巴达违反和约威胁到了希腊人，雅典抵制并呼吁其他希腊人加入抵抗行动，但是……"剩余文本现已失传。[17]

　　就像公元前 5 世纪中的提洛同盟一样，[18] 就算同盟偏离了最初目标，雅典仍不愿将之解散。公元前 4 世纪 60 年代期间，雅典将注意力转移到北方，采取了一系列行动，为了保护黑海的粮食供应想要收复刻尔尼苏斯未果，又在公元前 424/3 年失去了安菲波利斯殖民地。[19] 公元前 366～前 365 年，雅典终于成功从波斯夺取萨摩斯（根据《大王和约》萨摩斯不属于波斯）；但并没有解放这里而是把它变为了自己的份地；数年后，雅典在北部战争中收服波提狄亚，同样将这里变成了雅典份地。[20]

公元前 370 年，希腊北部城邦斐拉埃的僭主伊阿宋在准备参加皮提亚运动会时遇刺身亡；他的家族成员很快继位但不得民心。公元前 369 年，拉里萨贵族阿留台家族首先请求马其顿国王亚历山大二世援助，但他们自己接管了拉里萨和克拉农。接着他们又请求底比斯：腓力年幼时期因为马其顿的交易，作为人质在底比斯生活了一段时间；经过一系列打击斐拉埃（雅典支持）的战役，公元前 364 年，底比斯的将领佩洛皮达斯击败斐拉埃的亚历山大，自己也战死沙场，底比斯援军维护了胜利果实。亚历山大的权力仅限于斐拉埃，而且作为盟友从属底比斯。

公元前 367 年，底比斯试图签订新的同盟和约维护自身利益。佩洛皮达斯已经击败了斯巴达，希望超越雅典，他向波斯人提出的条款包括解散雅典海军。可能在此之后，雅典人从他们的同盟大纲中删除了有利于《大王和约》的条款，但留下了强调同盟反斯巴达目标的条款。[21] 由于其他人的提议触犯了其他希腊城邦利益，没有缔结任何条约；但公元前 365 年，底比斯和伯罗奔尼撒东北部的一些城邦签订条约（虽然自称是同盟和约），实际上标志着伯罗奔尼撒同盟的结束。（这一系列条约规定美塞尼亚将保持独立，斯巴达照常拒绝加入。）公元前 366 年，底比斯人设法占据了面向埃维亚岛的奥罗帕斯地区，维奥蒂亚和雅典都声称拥有该地主权。据说伊帕米农达计划组建一支新底比斯舰队，击败雅典的爱琴海盟友：舰队虽然可能没有组建成，但公元前 364 年，底比斯在爱琴海开战，公元前 362 年和公元前 361 年，斐拉埃的亚历山大转而与雅典为敌。

公元前 4 世纪 60 年代，伯罗奔尼撒的战争仍在继续，同盟关系不停转变。公元前 365 年至公元前 364 年，伊利斯和阿卡迪亚爆发战争，公元前 364 年，奥林匹克竞赛由当地的皮西亚斯人举办，神庙中的一场争斗都未能将他们赶走。公元前 363 年，阿卡迪亚内部出现分裂，曼提尼亚与伊利斯讲和并改为效忠斯巴达，而泰耶阿和麦加罗领导效忠底比斯的一派。公元前 362 年，伊帕米农达率军来到伯罗奔尼撒，底比斯及其盟友抵御斯巴达盟军：伊帕米农达想要重振留克特拉的雄风，但随着底比斯逐渐占上风，他最后战死。阿卡迪亚的内部分裂仍然存在。色诺芬在《希腊史》结尾沮丧地评论道：这场战争本应解决权力斗争，结果却带来了更多犹豫不决和混乱。[22]

通过《大王和约》，波斯在塞浦路斯的权利得到承认，并将小亚细亚希腊城邦纳入版图。公元前 381 年，波斯结束与埃瓦戈拉斯的战争，后者同意顺从波斯国王，但两者关系必须是"国王与国王"，而不是"主人和奴隶"；埃瓦戈拉斯活到了公元前 374/3 年，其王朝一直持续到公元前 310 年。埃及从公元前 404/3 年开始反抗波斯，直到公元前 343/2 年才再次屈服。[23] 由于《大王和约》没有提及，在不违反和约的情况下，支持埃瓦戈拉斯的雅典将领卡布里亚斯来到埃及。公元前 380/79 年，法尔纳巴佐斯（从达斯库利乌姆转来）计划领导波斯人攻打埃及，向雅典提出抗议，雅典召回波斯战线的卡布里亚斯，派出伊菲克拉特斯为波斯战斗。准备工作花了数年时间，大概在公元前 375 年，波斯人为了增加希腊雇佣兵的数量，延用了《大王和约》。[24] 公元前 374 年，波斯开始入侵，然而伊菲克拉特斯与法尔纳巴佐斯关系破裂，返回雅典，战争草草收场。

公元前 4 世纪 60 年代，"总督叛乱"扰乱波斯帝国的西部边境。法尔纳巴佐斯之子阿里奥巴尔扎奈斯继任达斯库利乌姆总督，但他的同父异母兄弟阿尔塔巴佐斯企图夺位，阿里奥巴尔扎奈斯与卡帕多西亚（小亚细亚东）总督达塔迈斯首先举事；从公元前 4 世纪 90 年代开始，卡里亚地方王朝的摩索拉斯也参与进来。[25] 波斯支持底比斯，而斯巴达（在位国王是阿格西劳斯）和雅典支持（结果之一就是雅典夺取萨摩斯）叛乱者。叛军与埃及当时在位的塔克斯取得联系，公元前 362/1 年，雅典人卡布里亚斯（作为自由兵）和斯巴达国王阿格西劳斯（手握实权）带兵支援，但起义失败；公元前 360/59 年，阿格西劳斯在回国途中去世。公元前 359/8 年，阿尔塔薛西斯二世驾崩，阿尔塔薛西斯三世继位。

斯 巴 达

伯罗奔尼撒战争结束时莱山德如日中天，[26] 但不久遭到反对。他在一些城邦强制推行十人团政权，同时也是雅典三十人僭主的背后推手；[27] 十人团政权不久就被"传统宪制"取代，国王鲍桑尼亚由于帮助雅典恢复"民主"受到审讯，不过被判无罪。莱山德据说设计在斯巴达推行民选国王，取代世袭国王，甚至收买神谕的支持，这些说法是否得到证实尚不清楚。公元前 400 年，国王埃杰斯二世去世，莱山德煽动谣言说王子列奥提西达斯实际上是阿尔西比亚德的儿子，[28] 于是埃杰斯的兄弟阿格西劳斯二世继承王位。新国王意志坚强，不满足于做莱山德的傀儡。不久，一名叫基那东的"劣等人"（可能因无力偿付债务从正式公民身份降级）密谋联合其他阶级所有成员抵抗正式公民；不过在造成大乱前就被打压。公元前 396 年，阿格西劳斯被派去亚洲，莱山德就是同行的公民顾问之一，阿格西劳斯另外委派任务，将莱山德支开。公元前 395 年，莱山德回到希腊。在科林斯战争初期，莱山德和鲍桑尼亚兵分两路前往维奥蒂亚：没能把他们的部队结合起来；莱山德独自前往哈利阿图斯，战败被杀；[29] 鲍桑尼亚在协议休战后被判罪，退隐流亡。

阿格西劳斯雄心勃勃，想要扩大斯巴达在亚洲的影响力，但维奥蒂亚人阻挠他的献祭[30]，阿格西劳斯对此怀恨在心。斯巴达的军事行动并不顺利，公元前 387/6 年安塔西达签订《大王和约》，战争以外交手段告终。阿格西劳斯知道如何利用这份和约为斯巴达获益，而且据说有人抱怨斯巴达正在"波斯化"（服务于波斯的利益）[31]，阿格西劳斯回应说实际上波斯人却在"拉科尼亚化"（为了斯巴达的利益）。公元前 382 年，阿格西劳斯支持斯巴达占领底比斯，公元前 379/8 年底比斯解放后，阿格西劳斯一直积极打击底比斯，直到病倒。十年之后，阿格西劳斯再次变得积极，他与伊帕米农达的对峙导致公元前 371 年留克特拉战役之前的条约将底比斯排除在外。

斯巴达在那场大规模激战中败退，人们震惊地发现它的辉煌已成明日黄花。斯巴达的公民数量急转直下：[32] 相比公元前 5 世纪初约 8000 名正式公民，在留克特拉战役前仅剩约 1300 名，战后约 900 名，现在"公民"军队可能由 90% 的边民和 10% 的公民组成。不仅男性生活方式不利于养育孩子，而且他们没有想到通过广纳其他阶层的男子来弥补公民人数的不足。这种状况带来的后果之一就是，到了公元前 4 世纪，三分之一或四分之一的公民必须担任一年的监察官（共 5 名）。

公元前 4 世纪 60 年代，斯巴达人继续衰落，他们再也无法忍受。他们无力继续在伯罗奔尼撒半岛推行他们的意愿；公元前 370/69 年失去美塞尼亚；公元前 365 年，除斯巴达外的伯罗奔尼撒城邦共同签订了和约，标志着伯罗奔尼撒同盟解散。现在，底比斯是波斯的希腊朋友，而斯巴达和雅典支持"总督叛乱"；公元前 362 年曼提尼亚战役后，其他希腊人不同意帮助埃及国王塔克斯，斯巴达派阿格西劳斯指挥希腊雇佣军前去。阿格西劳斯从一掌权时就开始抗击波斯，直至公元前 370/69 年去世统治结束，不过他死得不够荣耀。他是强大的斯巴达一位强势的国王，但他刻意疏远其他希腊城邦，再加上斯巴达固有的弱点，让这份雄心变得毫不现实。

雅　典

雅典的民主派输掉了伯罗奔尼撒战争，尽管克里奥丰煽动反对和平，但塞拉门尼斯和莱山德在商讨后协定休战。[33] 寡头政治再次抬头也是意料之中，公元前 404 年夏，莱山德在雅典设立"三十人政权"（后来的常用术语"三十人僭主"还没有应用于公元前 4 世纪的雅典）。塞拉门尼斯可能以为人们对公元前 411 年至公元前 410 年的记忆历历在目，自己又地位稳固，定能实现温和的寡头统治，然而克里蒂亚斯（柏拉图的亲属）领导的极端主义者棋高一着。

三十人政权最初的统治确实温和，但在得到斯巴达驻军后，政权变得越来越暴力，塞拉门尼斯的抗议也遭到责难。拥有一定权利的 3000 人的团体成立，其他人则被赶出城邦。然而到了冬季，斯拉苏布卢斯领导的民主派人数越来越多，开始反击，首先占领阿提卡西北面部落，接着前往比雷埃夫斯。克里蒂亚斯战死后，三十人政权废除，代之以十人委员会，原本指望他们更易控制，结果却不尽如人意。公元前 403 年夏，保桑尼阿斯带斯巴达军队前来，首先用武力震慑住民主派，然后帮助达成和解。雅典恢复了"民主政治"，除牵连最深的人外其余全部赦免，埃莱夫西斯建立了一个半独立的城邦，安置那些不愿生活在民主制下的人。公元前 401/0 年埃莱夫西斯的雇佣军队被雅典人击败，埃莱夫西斯再次归入雅典。

各门各派都曾利用"传统宪法"的口号进行宣传，但现在雅典人已经普遍认可传统宪法就是民主这一观点。经历了两次寡头政治的恶果后，积极投身政治的人绝不会承认自己支持政治寡头；公元前 5 世纪，所有反对当前民主形式的人都被视为政治寡头，而现在可以一方面宣称效忠民主一方面或多或少提出改变，这有助于在公元前 4 世纪许多其他城邦风雨飘摇时雅典保持稳定。

公元前 403 年，雅典自觉采取各种方式重新开始。第一轮寡头政治揭示出现行法律在许多方面存在很大的不确定性，于是公元前 410 年开始修订法律，期间被三十人政权（他们首先有自己的法律改革计划）中断，公元前 400/399 年，新法典和相关的宗教历法完成。"政令"和"法律"有了新的区分，政令针对特殊情况特定事项，法律具有永久性且适用于所有雅典人，并引入了新的颁布程序。部分是进一步避免民主投票将自己否决，如公元前 411 年和公元前 404 年，部分是反对一些智者学派的观点，即规范（*nomos*）仅仅是人类的惯例，不融于自然的永恒现实。[34]

公元前 4 世纪期间，"民主"的推行发生了各种各样的变化：总体来说，公元前 4 世纪早期的改革都是基于公元前 5 世纪的"民主精神"。公元前 400 年通过实行有偿参加公民大会，公民[35]履行民事义务得到补偿的制度得以完成，这可能是又一个加强新民主的措施。伯罗奔尼撒战争前雅典约有 6 万名成年男性公民，由于战争和瘟疫，战后仅剩约 3 万名。[36]雅典人重申伯里克利的公民法；[37]不但没有撤销一人不得两次担任公职的规定（公元前 4 世纪，男子可以在议事会任职两次，而以前不需要这种妥协），梭伦时期第四等级公民不得担任公职的规定也不再强制实施，[38]禁令实际上名存实亡。

由于提洛同盟不再缴纳盟税，雅典为了应对经济需求，实行了另一项改革。公元前 5 世纪，建立单一国库税，收入和支出都由这里掌管。公元前 4 世纪，建立初步预算制度：设置独立支出

机构（如公民大会、议事会、陪审员补贴金、战船建设基金），
并给予定期拨款。原则上这一制度是合理的，只是不够灵活，因
为某个金库出现赤字时不能从他处转入资金（法庭由于没钱支
付，陪审员被迫中止的情况也屡次出现）。公元前 4 世纪上半叶，
雅典面临资金短缺，财政困难接连不断，却仍然没有收敛其军事
野心。

　　法庭运作发生了各种变化。战争最后几年，判决少数私人案
件的 30 名巡回法官已经不再巡回，[39] 由于公元前 404 ~ 前 403 年
的寡头统治，30 成了一个不吉利的数字：公元前 4 世纪，雅典巡
回法官人数增加到 40，继续发挥作用。同时设立新制度处理更大
的私人案件：在军人登记册上最后一年满 59 岁的男子担任仲裁
员，首先交由他们审理。因此，除了反对原判决而提起的诉讼外，
陪审团不再审理私人案件，为国家节省了资金。通过逐步发展完
善，最后再加上法律强调，书面形式得以在司法程序中普及：检
察官必须提交书面文件，证人不再口头作证而是事先拟定文件，
在法庭上只需表示同意与否。

　　防止陪审员受贿的呼声越来越高（公元前 410 年或公元前 409
年出现过一次受贿丑闻）。每年征募的陪审员有 6000 名。公元前
5 世纪时，每个主审官员都配备一个任期一年的陪审团，因此很容
易事先知晓哪些陪审员会决定哪个案件。公元前 4 世纪初，每年
的陪审员分为 10 组，每组按日分配给法院。

　　从公元前 4 世纪 80 或 70 年代起，每个陪审员都有一个带
有名字等信息的身份证（木质或青铜信物），到了法庭开庭的

那天会实施一套精心设计的程序，将身份证投入随机抽取系统（kleroteria）来为法庭分配陪审员。不久身份证和随机抽取系统也应用于任命公职。由于雅典人常常将身份证陪葬，因此许多都留存了下来。约80年代有了新的机构取代议长，每个部落分配50个议事会名额，[40] 职责是主持议事会和公民大会：预备主席（proedroi）来自各个部落除现任主席外的议事会成员，一天一任，这样一来大家都不会预知具体某天的主持者。

公元前4世纪下半叶，另一项改革预示着专业知识更受重视。[41] 60年代中期以前，雅典城邦的首席秘书也是议事会成员，选举产生，兼任议长，每个部落以这种方式一年推举一名秘书。60年代中期以后秘书由公民集体任命，在职一年整；但现在随机选出，禁止复任，各部落从50年代中期开始轮流委派秘书。

公元前5世纪后期开始的政治趋势一直延续到公元前4世纪，雅典既有政治活跃分子，也有指挥海陆军的军人；[42] 军人不指挥雅典军队时可以在国外供职。[43] 政治家掌控公民大会，没有实职，因而也不能像其他在职人员一样追究责任，但诉讼也随之完善，如果政治家提出非法提议案或给民众提出有害建议，将面临起诉，他们常常也被指控收受贿赂，由于没有"忠诚反对派"（loyal opposition）的概念，所以一般认为没有雅典人会刻意损害自己城邦的利益，除非有敌人贿赂。

公元前403年实行大赦，直接禁止起诉以前的罪行，然而在三十人政权期间，无论曾经站在哪一方，都可能会在不久后成为他的优势或劣势。公元前400/399年，苏格拉底被起诉，[44] 正式罪

名是不遵守城邦的宗教信仰，腐蚀青年，但第二项罪名实际指的
是一些与他交往过且曾参与寡头运动的人，如阿尔西比亚德和克
里蒂亚斯。公民在正式任职之前必须经过审查程序，这为调用公
元前 404 ~ 前 403 年的记录提供了机会。[45] 公元前 382/1 年，李奥
达玛斯本来担任执政官，却由于曾经支持寡头统治被赶下台；继
任的埃文德鲁斯也来自寡头统治阵营，虽然同样面临困境，[46] 他仍
稳坐执政官位置。

　　公元前 5 世纪，虽然个人主张可能是得到支持与否的理由（只
是一个），但政治立场主要是针对个人。史料表明这段时期内部事
务不存在根本性分歧。在外交政策上大部分的雅典人大多数时间
拥有共同的希望，但是有两个关键转折点，部分人首先转变态度，
还有部分人在旧政策过时后仍然墨守成规：公元前 4 世纪 90 年
代，有主张接受公元前 404 年斯巴达强加的臣属地位，也有要求
再次实行独立外交政策；约公元前 371 年，雅典人不再将斯巴达
视作最大威胁，而是变成了底比斯。重要的政治家有，公元前 403
年带领回归民主派的斯拉苏布卢斯；阿古里奥斯，从恢复"民主"
到公元前 4 世纪 70 年代（因为挪用公款被判处监禁）；70 和 60 年
代，阿古里奥斯的侄子卡利斯特拉图斯。卡利斯特拉图斯政治生
涯的终结令人费解：公元前 361 年由于未知原因被起诉，他缺席
审判仍被判处死刑；接着逃离雅典，又冒险返回，仍然不得民心，
最后还是被处死。主要将领有卡侬及其子提谟修斯；后者的多年
劲敌伊菲克拉特斯，60 年代两人和解；卡利斯特拉图斯密友卡布
里亚斯。

西 部

主要有狄奥多罗斯·西库路斯《历史丛书》的记载，在第十四卷（至前386年）对狄奥尼修斯着墨甚多，且满怀敌意，在第十五卷中则相对轻描淡写。公元前440～前412年，雅典远征西西里失败，[47]公元前412年，叙拉古的赫莫克拉特斯带领一支西西里军队在爱琴海支援斯巴达，但在他出国后，狄奥克勒斯主导变革，建立了更极端的"民主"。塞杰斯塔抗击塞里努斯没有得到雅典帮助，于是公元前410年向迦太基求援，公元前410年，[48]迦太基人第一次受邀深入干涉西西里。公元前409年，迦太基占据塞里努斯，并从狄奥克勒斯手中夺得希梅拉。公元前407年，赫莫克拉特斯返回西西里：当他试图杀回叙拉古时，他和几名支持者都战死了，但狄奥尼修斯侥幸生还，并与赫莫克拉特斯家族联姻。

公元前406年，迦太基人再次入侵，包围占领了阿克拉加斯。狄奥尼修斯指责叙拉古的将领失职，于是重组包括自己在内的新一届将军委员会。公元前405年，狄奥尼修斯与其他将领发生争执，随后自命"全权将军"，从这个角度来看他也是僭主。迦太基人进攻并占领盖拉和卡马利纳，他没有救援，不得不重新树立自己在叙拉古的地位。然而，狄奥多罗斯记载迦太基人大量感染瘟疫（可能因为叙拉古周围的沼泽地），只好签订和约后班师回朝，内容包括岛屿西部属于迦太基，之前征服的希腊城邦必须撤去防守，并缴纳贡赋。接着又打了几场仗，条约有所改动，但迦太基人一直赖在西西里不走，直到公元前3世纪被罗马人驱逐。[49]

狄奥尼修斯地位巩固，公元前 402 ~ 前 400 年击败东海岸的希腊城邦和意大利靴尖的利基翁。在准备进攻迦太基前，他在希腊世界引入投石车（这时候应该还是射箭的机械弓）、四层战船和五层战船（比三层划桨战船更宽，[50] 每支桨安排不止一人）。公元前397 年战争爆发，迦太基商人被迫离开希腊城邦，岛屿西部的迦太基领土也遭到攻击；公元前 396 年，迦太基人反击（狄奥尼修斯在叙拉古的地位再次岌岌可危）；这次同样出现瘟疫但他们没有放弃，一直打到了公元 392 年，最后签订了与公元前 405 年类似的条约。接下来的几年里，狄奥尼修斯成功击败意大利南部的利基翁等城邦，野心日益膨胀，先后干涉伊庇鲁斯和伊利里亚，在亚得里亚海进行殖民活动，突击伊特鲁利亚的一座寺庙以及在叙拉古建设大型公共工程。（可能在）公元前 384 年，派出双轮战车参加奥林匹克竞赛，并送上诗歌，但吕西亚斯在《奥林匹克演说》第 33 章中称狄奥尼修斯为"西西里僭主"（狄奥尼修斯本人似乎更偏爱西西里"执政官"的头衔），呼吁将他赶走，结果狄奥尼修斯的诗歌受到嘲讽，战车发生事故，回城的船只也遭遇风暴袭击。狄奥尼修斯这次与一些支持者产生矛盾，当他极力建立法庭圈子时，他的诗歌被一名诗人批评，雅典的柏拉图也抨击他的暴政。

狄奥多罗斯史书的第十五卷对公元前 386 年以后的记载更少。狄奥尼修斯发起了与迦太基的又一场战争，战事从 80 年代末开始，可能一直延续到 70 年代，迦太基人支持狄奥尼修斯在意大利南部的敌人；战事仍是以签订类似条约告终。公元前 368 年，狄奥尼修斯入侵岛屿西部，又一次对迦太基发动战争。他时不时得到斯巴达援助，90年代雅典打算将他争取过来但没有成功。在公元前372年、公元前369年和公元前368年，狄奥尼修斯先后在希腊帮助斯巴达（公元前368年雅典与斯巴达在同一阵营），成为斯巴达盟友，但没有得到大同盟的认可。公元前367年初在雅典小酒神节上，狄奥尼修斯的悲剧《赫克托耳的赎金》拔得头筹，据说他以这种方式"击败对赌者"后不久，就离开人世。仅据我们所知的史料很难公正地评价他。狄奥尼修斯掌权的背景是其他人没有成功抵抗迦太基，尽管叙拉古国土未被占领，但他攻打迦太基的战争从未获胜。他在军事和文化上雄心勃勃，所作所为就像公元前5世纪初的僭主，他依靠雇佣军，使其他希腊西部城邦卷入战争和人口流动；[51] 由于迦太基人对敌人以残酷著称，所以大部分西部希腊人宁愿屈服于他，也不愿向迦太基投降。

狄奥尼修斯的儿子狄奥尼修斯二世继位，与迦太基休战。狄奥尼修斯一世的内弟兼女婿狄翁爱好哲学，曾两次请柏拉图来叙拉古教育年轻的狄奥尼修斯二世，但却引起冲突，他自己也被驱逐。

第 8 章
马其顿的崛起
（公元前 360~前 323 年）

腓力二世（公元前 359~前 336 年）

下马其顿是指塞尔迈湾的周边地区，旧都艾加伊和公元前 4 世纪的新都佩拉皆位于此处，下马其顿和上马其顿南部都在今天的希腊境内；上马其顿北部在今天的马其顿共和国和保加利亚西部边界内。上马其顿人拥有自己的统治者，而下马其顿国王企图取而代之。马其顿语是一种希腊方言。为了参加奥林匹亚竞赛，马其顿国王们被认可为希腊人，因为传说（可能是杜撰的）他们是创造了阿尔戈斯诸王的赫拉克利斯的后裔。有的希腊人将他们视作同类，以礼相待，而有的希腊人则将他们当作野蛮人，修昔底德一度认为他们既不是希腊人，也不是"真正的"野蛮人。[1] 马其顿国王通过默契的共识来统治，没有具体法律规定职权内容，正如《荷马史诗》中想象的那样；希腊人将他们称作国王，因为"巴赛勒斯"在亚历山大大帝时代前可能还没有用作正式头衔；王位在家族内部传承，但并不总是父死子继，世代相传。

亚历山大一世在位时间是公元前 480～前 479 年，其名义上支持波斯，但暗地里与希腊人接触。[2] 从伯罗奔尼撒战争前到公元前 413 年，佩尔狄卡斯一世一直在雅典人和斯巴达人之间周旋；[3] 佩尔狄卡斯一世统治结束后，阿基劳斯继位，他在位时间是公元前 413 年到公元前 399 年，[4] 阿基劳斯是个强大的国王，他倡导现代主义，王宫里聚集了一群知识分子。阿基劳斯去世后，国家动荡不安；阿敏塔斯三世（公元前 392 年至公元前 370/69 年）在位时间最长，他在位期间国家领土曾被东方的卡尔西狄斯人侵占，他本人也曾被西方的伊利里亚人驱逐。60 年代，底比斯与马其顿在色萨利发生利益冲突，当时雅典打算收复安菲波利斯，[5] 也插手进来。公元前 359 年，佩尔狄卡斯三世在对伊利里亚人的战争中丧生，儿子阿敏塔斯尚幼不能掌权，于是佩尔狄卡斯的兄弟腓力二世登基。

一直到公元前 346 年神圣战争结束，狄奥多罗斯·西库路斯在《历史丛书》第十六章里都有详细描述（根据厄弗罗斯史书，再加他儿子的补充），此后的事情却记载得较为简略；查士丁《腓力史概要》第七到十卷（拉丁文，公元 200~400 年；庞培·特罗古斯的《腓力史》，公元前 1 世纪）[6] 简要记述了腓力统治时期及其之前的时期。雅典人德摩斯梯尼和埃斯基涅斯的讲述为我们留下了丰富史料，但需精心研读。此外还有来自雅典等地的铭文，以及来自腓力摧毁的奥林苏斯城邦、马其顿的佩拉及艾加伊等地的考古证据。

据考证，腓力在战斗和外交方面成绩斐然：他尤擅话术，巧妙传达暗示让旁人误以为是郑重许诺。为了争取时间，他与伊利里亚人和北方的派奥尼亚人修好；又间离另外两位夺权者的拥趸，解决了王位争端。其中一名夺权者得到雅典支持，他就暗示雅典人自己可以帮助他们重获安菲波利斯统治权。与此同时，他开始改革军队：除了传统的强大骑兵外，腓力首次组建比希腊重装备步兵更轻便的精良步兵方阵，装备长 18 英尺名为撒利萨（Sarissa）的长矛（约 5.5 米），它是希腊步兵矛的两倍长。公元前 358 年，成功击败派奥尼亚人和伊利里亚人后，腓力首次与色萨利取得联系。公元前 357 年，腓力与伊庇鲁斯的摩罗西亚人结盟，娶奥林匹亚斯为妻，公元前 356 年奥林匹亚斯诞下亚历山大；腓力还占领了安菲波利斯，将其纳为己有。雅典人怒而宣战，却无暇分身前来。随后腓力夺取了波提狄亚，驱逐雅典殖民者，[7] 然后将这里交给奥林苏斯。除安菲波利斯外，他还夺取了色雷斯的克伦尼德斯，将其改建为腓力比；腓力控制了该地区的金矿和银矿，马其顿货币从而取代雅典货币，在希腊世界大受欢迎。

60 年代，雅典一直追求自己的利益，同盟成员倍觉忧心，60 年代末，底比斯试图利用这种情绪。[8] 自留克特拉以来，埃维亚岛城邦一直与底比斯同仇敌忾，但在公元前 357 年，雅典利用亲底比斯派和亲雅典派别之间的分歧，重新获得他们的效忠。然而，约公元前 356 年和公元前 355 年，同盟中的几个爱琴海成员听信卡里亚国王摩索拉斯鼓动，发动同盟战争；[9] 结果令人震惊，雅典海军败落，反叛城邦退出同盟。

尽管佩洛皮达斯和伊帕米农达先后在公元前 364 年和公元前 362 年离世，底比斯仍然实力雄厚、雄心勃勃。底比斯将注意力转移到德尔斐，德尔斐的阿波罗神庙已经在公元前 373/2 年被毁并于公元前 366 年开始集资重建。底比斯为了纪念留克特拉的胜利，在这里设立了一座新金库，并且于公元前 360 年得到优先权，即优先求取神谕的权利。公元前 363/2 年，德尔斐城邦的一些贵族被驱逐，雅典认为这次驱逐不合法，于是收留了他们。斯巴达在公元前 382 年至公元前 379 年占领底比斯期间犯下了亵渎罪；佛西斯在 60 年代与底比斯结盟却不够忠诚，因此，50 年代初，邻邦同盟[10]对底比斯的这两个敌人处以罚金。但是斯巴达和佛西斯都拒绝支付罚金，并且公元前 356 年佛西斯人在腓罗迈卢斯带领下占据了德尔斐。第三次神圣战争由此开始。

佛西斯人不仅战胜了欲驱逐他们的敌人，而且得到了雅典、斯巴达和其他一些伯罗奔尼撒城邦的支持，此外还建立了一支雇佣军。公元前 355 年，底比斯向主导邻邦同盟的色萨利求援，并得到了大部分希腊中部城邦的支持，神圣战争正式爆发。佛西斯人最初屡屡得胜；公元前 354 年腓罗迈卢斯战败自杀，但佛西斯人坚持战斗，再次取胜。公元前 353 年，腓力首次站在邻邦同盟一方对战争进行干预，却两次战败（希腊人因此认为他不会比他的前任带来更多挑战）；但公元前 352 年腓力再次出兵，任色萨利的执政官，在"克罗库斯平原"战役中大获全胜。腓力从色萨利进军温泉关，但雅典人迅速派出军队，他顺势撤退。借着神圣战争的机会，斯巴达希望在伯罗奔尼撒半岛收复美塞尼亚，又在公元前 353 年到公元前 350 年攻打麦加罗城；但最后以休战告终，未能做出任何改变。

与此同时，腓力一直向东穿过色雷斯，离开温泉关后又于公元前 352 年返回，攻击在普罗滂提斯海附近色塞布莱普泰斯统治下东色雷斯的一处堡垒。色塞布莱普泰斯已经允许雅典向刻尔尼苏斯派驻殖民者，所以雅典经过投票决定支持他，但他们一得知腓力病倒的消息就延缓了援助；公元前 351 年色塞布莱普泰斯成为腓力封臣。早些时候与腓力结盟的卡尔西狄斯人现在受到威胁，于是开始亲近雅典；色塞布莱普泰斯派遣海上远征军进入爱琴海，甚至袭击马拉松。尽管他可能本意并不专门针对雅典，但现在却认为对雅典构成了严重威胁，公元前 352/1 年，德摩斯梯尼在他的《第一篇反腓力辞》（第四章）中指出这一点，并敦促雅典尽可能将战争引向马其顿。这项建议没有得到采纳，在腓力统治初期该建议可能有效，但现在为时已晚。

公元前 349 年，腓力开始攻击卡尔西狄斯人，与《第一篇反腓力辞》的策略一样，德摩斯梯尼在《论奥林苏斯》演讲（一至三）中鼓励支持他们。公元前 348 年初，雅典受邀介入埃维亚城邦的竞争，大多数雅典人认为埃维亚城邦更为重要，因为如果腓力想向南进军，又得到埃维亚的帮助，可以借道这里绕过温泉关。这一次雅典在两个方面都不利：除卡里斯托斯外，埃维亚城邦不再受雅典控制；卡尔西狄斯战争以奥林苏斯的背叛和被毁告终。德摩斯梯尼曾一度赞成和平，有的雅典人对他的建议置若罔闻，其他人则惴惴不安，试图结盟反对腓力。

神圣战争仍在继续，公元前 348 年佛西斯形势逐渐好转。但他们一直用德尔斐金库来供养雇佣兵，公元前 348/7 年冬，最后一名将军费勒库斯被废黜，除腓罗迈卢斯外，其他继任将军都受到调查。公元前 347 年，腓力象征性地派兵前往支持底比斯；佛西斯人认为他会在公元前 346 年再次参战，于是向斯巴达和雅典求助。公元前 346 年初费勒库斯重新掌权，在腓力暗示下，他拒绝了斯巴达和雅典的帮助。既然佛西斯人拒绝帮助，雅典就不会再对佛西斯人施以援手；佛西斯转而与腓力谈判，其他城邦也派出特使。腓力组建了一支庞大军队，但无人知晓他的意图。7 月抵达温泉关时，已是势不可当，他清楚地表明不管过去还是现在，他一直站在邻邦同盟一边；佛西斯人投降认输，费勒库斯及其雇佣兵获准逃离；在邻邦同盟一次特别会议上，佛西斯和斯巴达（不是雅典）被赶出同盟，佛西斯被分成数个村庄，并分期偿还德尔斐债款。腓力获准加入邻邦同盟，并于秋季主持皮提亚竞赛。底比斯人虽然获胜，但经过十年的战乱，百废待兴。

雅典与腓力的谈判内容不仅涉及神圣战争，而且还有公元前 357 年对安菲波利斯的战争。至于谈判的时间，德摩斯梯尼记载是在公元前 343 年，而埃斯基涅斯认为是在公元前 330 年，这两个版本很难确定实际情况。雅典向腓力派出第一个代表团之前，埃斯基涅斯似乎想抵制腓力，而德摩斯梯尼则希望和平，事实证明他不信任腓力是有道理的。两人都是代表团成员，当腓力暗示了可能改变立场时，埃斯基涅斯满怀希望，而德摩斯梯尼对此持怀疑态度。腓力派出的特使 4 月抵达雅典。大会进行了两天：第一天，大会就签订所有希腊人都可以参与的共同和平条约，以及一份明确将佛西斯人排除在外的条约进行了探讨（后一个方案由斐洛克拉底提出，最后签订的条约称为《斐洛克拉底和约》）；第二天，德摩斯梯尼盘问腓力的特使，得到的答案是雅典必须同意腓力的条件，否则免谈。

腓力因此与雅典及其"盟友"（意指雅典及其同盟）达成一项协议，这里有些含糊，因为佛西斯也属于雅典的盟友。雅典特使回到马其顿让腓力向条约宣誓，然而腓力此时正在色雷斯与色塞布莱普泰斯作战，特使不得不在此等候。色塞布莱普泰斯本打算趁机加入同盟以便签订和约，但没有成功，腓力也不同意佛西斯签订和约。随后他进军温泉关，降服佛西斯人。雅典人忧心腓力大军将至，而实际上没有发生；他们抵制皮提亚竞赛；有的雅典人想要立即开战，德摩斯梯尼虽然想要再战腓力，但他在《论和平》（第五章）中警告道，如果雅典现在开战将是孤军奋战，而且是大错特错。几乎可以肯定的是，腓力尽管有所暗示，但实际却无意放弃邻邦同盟，正如伊索克拉底在《致腓力》（第五卷）中指出的：没有任何有力证据表明他在谋划攻打波斯，并让雅典海军派上用场。腓力真诚信奉德尔斐，他作为马其顿国王想要得到希腊世界的认可，这本身就是一个有价值的目标，而且在公元前 346 年的确实现了。

腓力进攻伊利里亚，进一步干预色萨利，地位得以巩固。德摩斯梯尼计划在谈判中起诉埃斯基涅斯叛国[11]，争取雅典等希腊城邦与他一同反对腓力，然而腓力要求修改条约。公元前 344 年没有达成共识，雅典既不积极回应腓力，也不派兵帮助波斯收复埃及（参见德摩斯梯尼的《第二篇反腓力辞》第六卷）。[12] 公元前344 年和公元前342 年间，腓力主动"赠与"雅典爱琴海北部的哈隆涅苏斯岛（阿洛尼索斯岛），赫格西波斯坚称它本就属于雅典，所以只能算"归还"，而且安菲波利斯等色雷斯地区按理也属于雅典，要求将《斐洛克拉底和约》扩展为同盟和约（他留存下来的演讲就有《哈隆涅苏斯》第七卷）。腓力虽然认为同盟和约对自己有利，但仍不肯让步，最后谈判不欢而散。希腊各地出现了地区争议，腓力和雅典各支持一方。腓力也曾干预摩罗西亚王国内政，驱逐了阿莱拜斯（逃去雅典），代之以阿莱拜斯之侄、腓力妻子奥林匹亚斯的兄弟亚历山大。腓力又在埃维亚岛扶持不得民心的领袖，公元前341 年这些城邦重回雅典阵营。

公元前342 年腓力回到色雷斯，最终驱逐了色塞布莱普泰斯。雅典增加了刻尔尼苏斯的殖民者，还加派了一支驻军，他们与《斐洛克拉底和约》中腓力的盟友卡迪亚在地峡发生争执，冲突升级；为了支持雅典的侵略路线，德摩斯梯尼创作了《刻尔尼苏斯》、《第三篇反腓力辞》和《第四篇反腓力辞》（第八、九、十章）。公元前340 年，腓力使用最新战械，比如扭转发动的弩炮等，开始围攻派佩林苏斯和拜占庭，而德摩斯梯尼说服波斯及其他希腊人共同抵抗马其顿。当腓力强夺雅典在黑海等待被护送到爱琴海的商船时，雅典宣战。由于围攻不下，腓力在公元前339 年撤军。

第四次神圣战争，腓力再次来到希腊。雅典一直在德尔斐为波斯战争献祭，强调底比斯里通波斯；公元前340 年，在邻邦同盟上，安菲萨代表底比斯持反对立场，而雅典代表埃斯基涅斯指责安菲萨开垦德尔斐的神圣之地基拉。这导致对安菲萨的神圣战争爆发，其中底比斯和雅典（在德摩斯梯尼的坚持下）拒绝参加。公元前 339 年，腓力受邀出任指挥，首先从温泉关往南前往安菲萨，接着向东直奔维奥蒂亚。马其顿和雅典都派代表团来到底比斯；德摩斯梯尼成功使底比斯与雅典结成同盟，并得到了其他几个希腊城邦的支持。腓力未能在冬季攻破维奥蒂亚北部敌人的阵线，于是公元前 338 年佯装撤退，最后一举拿下安菲萨，直抵科林斯湾。8 月，腓力在维奥蒂亚的奇罗尼亚与敌人狭路相逢，大获全胜（他的儿子亚历山大带领左翼，歼灭了底比斯神圣军团）。之后，他在奥林匹亚委托建造腓力比圆殿，为他和家人塑像。

公元前 346 年雅典人心惶惶，但腓力没有进攻。雅典强攻难下，他此刻正打算发动波斯战争，且对前盟友底比斯的反目极为不满。马其顿殖民活动包括底比斯的亲马其顿政权及驻军，科林斯（在科林斯卫城，高居城邦的山上）和安布拉基亚（靠近伊庇鲁斯）的驻军。公元前 338/7 年冬，腓力在科林斯的会议上强制希腊本土城邦签订同盟和约（排除并孤立斯巴达），组织领导"科林斯同盟"（包括雅典在内，意味着第二次雅典同盟终结）。腓力的统治披着熟悉的希腊外袍，相较之前的同盟和约，强制各城邦签订和约并组建同盟虽不够公正，却更为有效。对于雅典而言，这是一个重大损失：150 多年来一直是雅典对其他城邦发号施令，而现在不得不向腓力俯首称臣。腓力山高皇帝远，虽野心勃勃，但与从属雅典、斯巴达或底比斯相比，大多数希腊城邦可能受到腓力的干涉更少。由于雅典自认为在希腊世界有霸主地位，所以德摩斯梯尼的观点正误参半，腓力的确是雅典的威胁，却不是整个希腊的威胁。希腊人决心要一洗公元前 480 年至公元前 479 年之耻，同盟对波斯发动战争。公元前 336 年先遣部队出发。

腓力统治以王朝动乱告终。他一生中的女人数不胜数，区分妻子和情妇毫无意义。长子腓力·阿黑大由斯精神不健全。公元前 356 年，摩罗西亚妻子奥林匹亚斯诞下的亚历山大成为继承人。公元前 337 年，腓力再娶马其顿的克利奥帕特拉，她可能会产子取代亚历山大。于是，亚历山大和奥林匹亚斯逃往摩罗西亚。腓力打算与亚历山大和解，为了安抚奥林匹亚斯和她的兄弟（摩罗西亚的亚历山大），于是腓力安排摩罗西亚的亚历山大娶克丽欧佩特拉为妻（他与奥林匹亚斯的女儿）。

公元前 336 年，腓力在爱琴海的结婚典礼上被一名保镖刺死。对外宣称，上马其顿的统治者林塞斯蒂斯家族是罪魁祸首；谣传种种，有些指向奥林匹亚斯及 / 或其子亚历山大，但真相不得而知。腓力和他的某位妻子很可能葬在艾加伊的一处皇家陵墓，遗骨显示他曾在战争中失去一只眼睛。腓力在 25 年的时间里将马其顿从希腊边缘国家发展壮大为希腊强国，他的遇害似乎会使马其顿重新陷入之前的混乱状况。

亚历山大三世（公元前 336~前 323 年）

然而一切风平浪静，腓力的一位将军安提帕特扶持亚历山大登上马其顿王位，成为新王。腓力的新妻子克利奥帕特拉和女儿被处死，克利奥帕特拉的叔叔阿塔路斯一直跟随腓力的先遣部队在小亚细亚，也被处死。亚历山大纵跨希腊向南进军，一路受到忠诚拥戴，科林斯同盟也任命他为抗击波斯的指挥官。公元前 335 年，他在色雷斯和伊利里亚作战；底比斯人一听闻亚历山大已经遇害的谣言就发动叛变，但亚历山大迅速抵达，攻破并摧毁了底比斯的一个主要城邦，此举震惊了希腊世界。

亚历山大的统治在当时及以后有各种各样的版本，但都没有流传下来。亚里士多德的侄子卡利斯提尼斯作为官方史学家随军参加了这场战争，但最后不幸被处死。[13] 现存五个主要版本按年代顺序分别是狄奥多罗斯·西库路斯《历史丛书》第十七章（公元前 1 世纪），Q.库尔提乌斯·鲁弗斯《亚历山大大帝史》（拉丁文，1 世纪），普鲁塔克的《亚历山大传》（1/2 世纪；罗马版本是《恺撒传》），阿利安的《亚历山大远征记》（2 世纪），查士丁《〈腓力史〉概要》的第十一至十二章（200 ~ 400 年）。阿利安取材自在亚历山大手下任职的作家，如托勒密和阿里斯托布鲁斯等，他们的确知晓真相，只是不适合从他们口中讲出。狄奥多罗斯、库尔提乌斯和查士丁的史料可能都是来自克来塔卡斯的记载，克来塔卡斯在亚历山大去世后不久开始了创作，栩栩如生地再现他的生平，而不仅限于为他歌功颂德。最近的许多研究都依赖于这种转变，不再偏好传统，但把赞美都归为编造、将批评等同真实一样不可取。

波斯一直处于动乱之中，直到公元前 336 年大流士三世登基才结束这种局面。[14] 同年腓力的先遣部队被派往亚细亚，原先由帕尔梅尼奥和阿塔路斯领军，但亚历山大以阿塔路斯是腓力新妻克利奥帕特拉的叔叔为由将他处死。公元前336年，帕尔梅尼奥凯旋，受到希腊城邦的欢迎，公元前335年罗得岛的门侬代表波斯人展开反击，帕尔梅尼奥因此只得到了赫勒斯滂海峡附近的领土。公元前334年，亚历山大带领约4500或5100名骑兵和3.2万名步兵前来（虽然军队一路打来人数渐增，但不得不在许多地方留下驻军）；在赫勒斯滂海峡的交叉口，他将这场战争等同传说中的特洛伊战争（据说他的母亲是特洛伊战争英雄阿喀琉斯的后代）。在达斯库利乌姆附近的格拉尼卡斯河上，他打响并赢得了第一次重大战役，但险些被一名波斯人杀死；接着沿爱琴海海岸向下游进军。米利都和哈利卡尔那索斯只有围攻才能拿下；门侬被哈利卡尔那索斯驱逐，前往爱琴海岛屿，本来会给亚历山大留下无穷后患，结果死于公元前333年。亚历山大走内陆来到戈尔迪乌姆，为了证明自己将成为亚洲之主，他解开或斩断了"戈尔迪之结"。公元前333年，他沿海岸继续从西里西亚进入叙利亚：大流士三世走陆路到达他的后方，亚历山大折回，在伊苏斯的一处沿海狭隘平原上将他击败。

　　大流士回到帝国的中心再次备战，亚历山大兼具马其顿和希腊背景，他从地中海沿岸开始征战就不足为奇了。亚历山大先围攻推罗和加沙，接着在公元前332年进入埃及，他作为解放者在这里备受欢迎。他在尼罗河三角洲西端建立了第一个亚历山大港，冬季又来到利比亚沙漠求取阿蒙神（古埃及的太阳神）神谕。公元前331年他返回叙利亚，转向内陆。他在幼发拉底河谷遭遇"焦土政策"，不得不走底格里斯河，而大流士正在这里守株待兔，结果亚历山大在高加米拉再次取胜。大流士逃去埃克巴坦那（伊朗的哈马丹）。亚历山大先后来到巴比伦、苏萨和波斯波利斯的波斯宫殿；摧毁了波斯波利斯，他此举可能是为了报复波斯人在公元前 480 年洗劫雅典，也可能是庆祝取胜的狂欢之举。

公元前 331 年，斯巴达国王埃杰斯开始在希腊反对马其顿人，并围攻麦加罗城。雅典人决定不参与；亚历山大将马其顿交托安提帕特管理，结果斯巴达军队战败，埃杰斯被杀。斯巴达于是加入科林斯同盟。

公元前 330 年大流士撤去东方，亚历山大紧追其后（科林斯同盟的复仇战争正式结束，希腊盟军或回国或重新入伍成为雇佣军）。在亚历山大军队靠近前，大流士就被手下贝苏斯刺死；亚历山大为他举行皇室葬礼，之后日益以小亚细亚的合法国王自居。亚历山大的追捕目标从大流士变成了贝苏斯；经过与一些总督的艰难作战，公元前 329 年，亚历山大在巴克特利亚（今阿富汗地区）抓到了贝苏斯，随后召集了一个由米底人和波斯人组成的特别法庭来审判他杀害国王的罪行。亚历山大通过游击战，占据了巍峨的山间堡垒，并于公元前 326 年抵达印度河。

在最后一次主要战役中，亚历山大在海达斯佩斯河（今杰赫勒姆河）击败了印度王子波鲁斯，他认为波鲁斯很有价值，就将其扶植为傀儡统治者。亚历山大打算继续攻打据守亚洲边界的强国，但是在印度河最东端的支流希法西斯河（比亚斯河），军队拒绝继续前进，他不得不改变计划，顺流往下。亚历山大在某处城镇遇袭，身受重伤，公元前 325 年到达印度河河口。为了回到帝国的中心，他兵分数路。尼阿库斯建造船舰，走海路到波斯湾；克拉特鲁斯带领老兵走陆路；亚历山大自己打算穿过格德罗西亚（巴基斯坦的马克兰）的沙漠，结果证明这比他想象的更具挑战，军队损失惨重。

幸存者们先行庆祝，亚历山大在公元前324年才返回王宫。人们大都认为他回不来了：当时好几个首领（尤其来自波斯的）被捕甚至遭到处决。亚历山大一方面要求总督解散雇佣军，一方面也为了解决雇佣兵四处闲荡的问题，命令希腊城邦允许流放者回国。亚历山大及其麾下的许多官员都娶了波斯妻子。亚历山大检阅公元前327年以来接受训练的3万名年轻东方人，并宣布将欧洲老兵送回家乡时，俄庇斯发生叛乱——虽然叛乱平息，和解宴会也举办了，他却没有改变计划。最亲近的人赫费斯提翁离世，他大受打击。公元前323年，亚历山大搬去巴比伦：计划远征阿拉伯半岛和里海，还谈到其他打算。希腊城邦的使者特意向他致敬。然而5月底，他在一次聚会后病倒，6月中旬去世，当时还不到33岁。有人认为他死于谋杀，但也不排除亚历山大南征北战，生活艰苦，以致他的身体状况越来越差，病来如山倒。他的两位亚洲妻子各育有一子。据说当问到谁来继承王位时，他的回答是"最好的那个"或"最强的那个"。

亚历山大继承了腓力的步兵方阵和骑兵，有各种盟军和雇佣军；在定位进攻战中，他将步兵置于中心（右侧有"持盾卫队"这个特殊近卫步兵队），盟军骑兵在左翼，马其顿骑兵居于右翼，以此队形向敌人发起进攻。战役的后期，独立行动需要独立分队，单个骑兵团的指挥官就更加重要了；后来还加入了小亚细亚骑兵。前三次大规模战役中，亚历山大的军队比敌方更会利用对方战线的缺口；在不同地点渡过海达斯佩斯河后，亚历山大掩藏左翼骑兵误导敌军。他在围城战方面同样出色，使用最新器械武装野战炮兵，如投掷石块的弩炮和便携式器械；在各种小型战斗中也展现出了他的战术天分；虽然我们对其辎重队伍了解甚少，但想必是井井有条。至于海战更无须费笔墨。作为一名指挥官，他沉着冷静，行军速度常常令敌人震惊，御下严苛却得士兵拥戴，有时甚至完全不顾个人安危。

亚历山大在行政管理方面讲求务实；他保留了波斯的总督体制和其他省级官员。希腊岛屿加入科林斯同盟；小亚细亚的希腊城邦没有加入科林斯同盟，而是自行结盟；亚历山大最初支持民主派，反对亲波斯的政治寡头。他虽然可以从波斯人手中"解放"西方省份（实际除了统治者不同外几乎无任何变化），却不能对波斯的中部省份如法炮制，于是他在这里任命了一系列波斯总督。亚历山大设马其顿总督管理印度，地方统治者作为其下封臣愿意与亚历山大合作。只有六个亚历山大港可视为由他创建，其他城镇驻扎有欧洲军队。这主要是出于行政和军事目的——驻扎于其他城镇的欧洲军队受希腊文化熏陶，并不太热心与当地居民融合，在亚历山大统治结束时，许多士兵都想回到家乡。随着希腊语言文化成为整个帝国统治阶级的特殊属性，这些以及后来塞琉古王朝建立的城邦[15]确实发挥了希腊化效用。

亚历山大不仅接手了腓力的军队，腓力的军官也继续留任，帕尔梅尼奥任副指挥，家族其他成员也享有万人之上的地位。有些人死亡或被降级。公元前330年发生了一场特殊的危机，帕尔梅尼奥之子腓罗塔斯隐瞒关于谋反的消息——亚历山大要求判其死刑，军队投票赞成；虽然亚历山大在继续追捕大流士时将帕尔梅尼奥留在中央，但自那以后亚历山大认为他不再值得信赖，所以也将他处死。在这次事件中支持亚历山大的人，后来都得到了重用，包括他最亲近的赫费斯提翁。公元前328年，克利图斯（曾在格拉尼卡斯河救过亚历山大一命）指责亚历山大东方主义、贬低腓力，一次醉后大放厥词，被亚历山大处死。公元前327年，亚历山大想要在他的欧洲追随者之间引入跪拜礼的风俗，[16] 卡利斯提尼斯带头反对，后来因带动亚历山大随行人员中的年轻男子谋反的罪名被处死。科埃努斯曾帮助亚历山大反对腓罗塔斯，却在公元前326年支持希法西斯河的叛变士兵；他不久后离世，没有证据表明是谋杀。显而易见，亚历山大从印度回来后开始清除异己，俄庇斯的兵变也随之发生。[17] 亚历山大可能不是谋划除掉自认为的敌人，而是对危机反应过度，但总的影响就是，许多领导人物都没有活到他的统治结束。

亚历山大是马其顿人，据称是传奇英雄的后裔，接受希腊教育，师从亚里士多德等人。对马其顿人来说，他领导的是征服之战；对于希腊人来说，则是对公元前480～前479年的复仇之战，与特洛伊战争的先例联系起来在情理之中。公元前330年亚历山大控制了波斯波利斯的王宫，实现了复仇战争的目标。他将大流士视为下一个目标；大流士死后目标又成了贝苏斯；最后是攻打大印度王国和"亚洲的尽头"。他野心勃勃，行动力极强，渴望迎接挑战。

大流士去世后，亚历山大以亚细亚之王自居；他虽然引入东方服饰和风俗冒犯了保守的欧洲人，但却没有照搬波斯国王的头衔，更没有采纳宗教和全部风俗，结果也没有赢得波斯人欢心。有人根据一些记载指证亚历山大创造了"兄弟情"的信条，但文本本身可能没有这个含义。他最多不过设想了一个由希腊人／马其顿人和波斯人主导的王国；但亚历山大大帝的征服创造了一个不同于希腊城邦的全球性世界，而"兄弟情"这种观念在他创造的世界里可以也确实得到了发展。

希腊宗教最初在神和人之间有明确的分界线，不过某些凡人，如城邦的创建者也有可能成为英雄，并受一定敬奉，上层阶级的人常常声称是神或英雄的后裔。在亚历山大之前数百年，莱山德等人反其道而行，[18] 腓力就是其中之一，无人能及（奥林匹亚的城邦改称腓力比以及腓力比圆殿[19] 就是其中两例）。希腊人描述杰出人士会将他比作神，但也会表示再优秀也不可能真正变成神。亚历山大之母奥林匹亚斯向他暗示其真正的父亲是宙斯。埃及的法老将他视作阿蒙神后裔（希腊人认同他与宙斯的关系），在阿蒙神神谕中称他为"宙斯之子"。公元前 327 年，亚历山大试图向他的欧洲追随者引入波斯跪拜礼风俗，即亲吻长官，并鞠躬或跪拜（由于抗议之声浩荡，亚历山大最终放弃）。亚历山大肯定也意识到这在波斯是没有宗教意味的社会风俗，而希腊人只对神灵行跪拜礼。这项提议虽然不能证明他希望被当作神一样来对待，但毫无疑问的是亚历山大喜欢这种唯我独尊的感觉。赫费斯提翁去世后享有英雄美誉；在亚历山大统治末期，希腊城邦（除野蛮人外）打算将他供奉为神：没有证据表明这由他一手促成，更可能的是他尽管自视不同也享受这份尊崇，而希腊人认为他的空前成就担得起这份荣誉。希腊化世界的统治者膜拜是顺势而为。[20]

如果亚历山大这时候尚在人世会怎么做呢？他原计划远征阿拉伯半岛和里海，此外还提到其他更宏大的计划；[21] 亚历山大去世后，据说，佩尔狄卡斯在他的文字中发现了这些计划，并说服了军队不去执行。[22] 至少有一点是可信的——亚历山大设想过未来会进一步探险和征服，而不是在已征服地展开亟须的巩固和管理。他的征服活动极大扩展并转变了希腊世界，这一点我们将在后面的章节中谈到。罗马喜剧家普劳图斯在《凶宅》中第一次将他称为亚历山大大帝（公元前 3/2 世纪）。[23]

波　斯

公元前 392/1 年，小亚细亚西南部的卡里亚由地方贵族赫卡托姆努斯管理，不再属于萨迪斯的总督管辖。公元前 377/6 年赫卡托姆努斯去世，其儿子和女儿继位，其中三个儿子是摩索拉斯（娶妻阿尔特米西娅），伊德里乌斯（娶妻阿达）和皮克索达鲁斯。皮克索达鲁斯在位时期，其家族也控制着吕西亚。他们在波斯人眼中是总督，但面对希腊人的姿态却是独立统治者。摩索拉斯将首都从内陆的米拉萨迁至沿海的哈利卡尔那索斯，并在这里修建摩索拉斯陵墓。[24] 公元前 3 世纪 60 年代，他涉嫌参与“总督叛乱”，[25]

但并没有因此被赶下台；50 年代，其鼓动城邦在同盟战争中背叛雅典同盟。公元前 341/0 年，皮克索达鲁斯驱逐阿达，又不得不将自己的女儿嫁给波斯人，女婿在他死后继位。公元前 334 年，阿达向亚历山大投诚，在亚历山大帮助下重新掌权（在她死后仍派遣了总督）。

阿尔塔巴佐斯觊觎达斯库利乌姆，曾在 60 年代参与发起"总督叛乱"，50 年代自己揭竿而起；40 年代在马其顿短暂避难。阿尔塔薛西斯三世统治时曾两次尝试收复埃及。第一次是在 50 年代后期，没有成功，此后起义蔓延至塞浦路斯和腓尼基，在这里被镇压；公元前 343/2 年冬，罗得岛的门托耳替埃及人指挥希腊雇佣兵，却外通波斯，最后阿尔塔薛西斯收复埃及。门托耳的弟弟门侬与阿尔塔巴佐斯在马其顿；现在在门托耳的安排下，他们与波斯和解，但在他去世后，门侬积极帮助小亚细亚的波斯人抵御亚历山大。[26] 30 年代初，波斯再次成功镇压埃及起义。

大臣巴高斯权倾朝野，为收复埃及发挥了重要作用，有故事将他描绘成"造王者"（事实上，他的作用可能不比皇室成员更大）。公元前 338 年 11 月，巴高斯毒杀阿尔塔薛西斯和几乎所有王子，只留下了最年轻的一位扶植为阿尔塔薛西斯四世；公元前 336 年 6 月故伎重演，杀死阿尔塔薛西斯四世及其子，然后从皇室旁支里选了一人立为大流士三世；之后又打算用毒酒谋杀他，但大流士三世当时将杯子换了过来，巴高斯最终自食其果。大流士虽然不算差强人意，但能坐上王位纯属意料之外，亚历山大袭击时，这场动荡已经削弱了波斯帝国。

雅 典

公元前 4 世纪 50 年代，雅典新一代领导人崭露头角，同盟战争败局促使人们重新审视政策。公元前 380 年伊索克拉底为提洛同盟辩护，重申雅典的领导要求，[27] 他不是提出这一看法的第一人，只是复述他人观点，但同盟战争后，他在《论和平》（八）中将雅典同盟贬得一无是处。埃乌布卢斯等人关注经济复苏，这需要增加收入，减少支出，尤其减少与成本不符的军事探险，色诺芬的《雅典的收入》反映了这些思想。富人从公元前五世纪以来一直纳税[28]，到了公元前 4 世纪雅典遭遇经济瓶颈，情况变得棘手起来：雅典采取措施改进特别财产税的征收，均匀分摊海军船舰的建设费用，让更多男子参加感恩礼拜仪式。

50 年代后期，埃乌布卢斯和丢番图引入理论基金（theoric fund），表面是为了支付公民在重大节庆上剧院的门票费用。理论基金来源于定期拨款，再加上所有盈余收入（盈余本来是要上交军事基金）；该基金的司库（选举产生，可任多次，类比军事基金的选举方式）通过控制雅典所有的盈余资金，加入监督旧财政理事会的委员会，影响力一度高涨，甚至埃乌布卢斯本人某段时间也是司库。40 年代末，为了支持德摩斯梯尼采取强硬路线抵制马其顿壮大，其支持者控制理论基金，公元前 337/6 年他自己担任司库。反对者认为这一职位不民主（参见下文），为了限制司库，将其扩大为董事会，且任期有限；不过司库确实发挥了财政作用，30 年代中期到 20 年代中期，莱库古及其伙伴担任"行政官员"，该职位同样把有大权（ *epi tei dioikesei* ）。公元前 350 ~ 前 325 年，雅典再次繁荣起来；民用和军事目的的建筑活动接二连三，浪费了不少资金。雅典海军遭受同盟战争耻辱后逐步现代化，20 年代建造四桨和五桨战船，[29] 扩大规模，但此举既没有必要，也不可能为战船配备足够人力。

暗示改变"民主"的人现在不会再被视作危险的政治寡头，[30] 部分改革也不符合早期"民主精神"，如设立由选举产生、手握重权的财政官员。公元前 440 年以前，十个部落必须各推举一名将军，[31] 现在打破了这项陈规，50 至 30 年代间，将军与部落之间的联系完全解除。公元前 354 年，伊索克拉底在《论雅典最高法院》（七）中提出了一个更好更早的民主构想，让战神山议事会[32] 更大发挥作用。从 40 年代中期开始，战神山议事会的确在雅典事务中有了一定发言权，插手司法等事务，通常自觉或在公民大会示意下向其呈交报告，一般支持德摩斯梯尼及其同僚。奇罗尼亚战争后，怯懦或叛国的罪名成立。可能因为德摩斯梯尼的反对者认为战神山议事会一手遮天，有悖民主，于是在公元前 337/6 年立法：一旦民主被颠覆就终止战神山议事会[33]。

埃乌布卢斯及其同僚认为财务恢复的需要决定了对其他事务的态度；而德摩斯梯尼将抵制腓力置于首位，在此基础上处理其他事务；在这时候，我们可以更好地了解政党政治，即在一系列问题上立场相同的一群人。德摩斯梯尼倾向于将"民主"重新定义为不受外来者即腓力的制约，而他的反对者认为这不是"民主"一词的本意。起初，德摩斯梯尼势力单薄，反对者拒绝了他抵抗腓力的计划，但没有对其全盘否定；《斐洛克拉底和约》签订后，尽管德摩斯梯尼以为会有更大冲突，然而马其顿人打算接受合约，并好好加以利用。由于公诉人米利都的提马尔库斯抵挡不住埃斯基涅斯声势夺人，德摩斯梯尼首次在谈判中攻击埃斯基涅斯失败[《驳提马尔库斯》（第一卷）]。公元前343年，德摩斯梯尼起诉埃斯基涅斯，又被他逃过一劫，而斐洛克拉底起诉希佩里德斯却成功了。赫格西波斯拒绝腓力再议和约的要求[《哈隆涅苏斯》（第七卷）]；[34]莱库古也是德摩斯梯尼的支持者之一；奇罗尼亚也从那时起更加支持德摩斯梯尼。

奇罗尼亚战争后事态仍在变换，各派别摇摆不定和相互迫害。德马德斯和福西昂赞成与马其顿合作，福西昂据说曾任将军45年，他极力以更古老的方式把政治和军事生涯相联系。迪奥塞斯为德摩斯梯尼争取荣誉，在战前多次提起诉讼反对希佩里德斯；公元前336年初，埃斯基涅斯出于同一理由反对泰西封。当检察官认为政治氛围有利的时候，他们先后在公元前334年和公元前330年被带上法庭[后来的记载有埃斯基涅斯的《泰西封》（第三章）和德摩斯梯尼的《王冠》（第十七章）]，不过两人都没有胜诉：即使无法抵抗马其顿，陪审员仍然尽可能地支持德摩斯梯尼以及其倡导的政策。

公元前335年亚历山大夷平底比斯，最终表明抵抗暂时行不通。从公元前4世纪30年代中期到20年代中期，除了莱库古外，德摩斯梯尼及同僚退居二线。雅典专注于重整士气，举行传统节庆仪式，修建新建筑；但他们也为"青年"（*epheboi*，18和19岁男子）设定培养项目，包括重装步兵训练，海军也逐步现代化，规模扩大。雅典人希望就像从曾经的伯罗奔尼撒战争恢复元气一样，能在恰当的时候从奇罗尼亚时期恢复过来；公元前331年，莱库古想要帮助埃杰斯崛起，但没有得到雅典人支持。

亚历山大命令希腊城邦召回流放者的后果之一，就是雅典将失去在萨摩斯的份地，[35] 于是想要就这一条进行交涉。亚历山大的财务官哈帕鲁斯也因此事惹上麻烦。公元前324年，哈帕鲁斯带着雇佣兵携款乘船逃去希腊；中途将雇佣兵留在有雇佣兵军团的拉科尼亚城邦泰纳伦，自己弃船来到雅典，结果被捕，但不久他又逃了出去，钱款也只剩一半。战神山议事会调查此事，德摩斯梯尼和德马德斯名列罪犯榜单；检察官来自之前的两个党派；结果德摩斯梯尼被处以巨额罚款，并被流放。亚历山大去世后，旧政治阵营重新浮出水面。

西　部

狄奥多罗斯参考各种史料在《历史丛书》第十六卷中继续记载；拉丁传记家奈波斯（公元前 1 世纪）和普鲁塔克的《狄翁传》和《提摩勒昂传》也有涉及。柏拉图的《对话录》第七、八篇，据说是在狄翁去世后写给其友人，无论是否由柏拉图写成，但都似乎十分了解内情。

公元前 4 世纪 60 年代末，狄翁被叙拉古[36]驱逐，流亡希腊；公元前 360 年，在奥林匹克节庆上遇见柏拉图，开始计划回国。公元前 356 年，狄翁得到另一名流亡者赫拉克利德斯的追随，公元前 357 年，趁狄奥尼修斯二世不在叙拉古，其带领一小支军队前往西西里岛。狄奥尼修斯返回并试图谈判，随后却动身去意大利的洛克里（他母亲的城邦），命儿子带领一队守卫留在内城奥提伽。经过一段时间的动荡之后，狄翁在公元前 355 年控制了整个城邦。他希望建立一种柏拉图式的贵族政治，与赫拉克利德斯不和，于是将其处死；公元前 354 年，雅典人卡里普斯杀死狄翁。卡里普斯先后得到了狄奥尼修斯的两个异母兄弟的拥戴；狄奥尼修斯从洛克里被驱逐后怀恨在心，公元前 346 年重新夺回叙拉古。

狄翁的友人希塞塔斯统治莱昂蒂尼，鼓励叙拉古向他们的母城科林斯和迦太基求援。公元前 344 年，科林斯派来了一直漂泊不定的提摩勒昂，提摩勒昂二十年前参与谋杀他企图自立为僭主的兄弟。迦太基人派出一支大军也未能将他拦截。事件经过很难再现，公元前 343/2 年，提摩勒昂控制了整个叙拉古，并让狄奥尼修斯退出科林斯。提摩勒昂作为"拥有全权的将军"，地位超然，叙拉古建立了新宪法。在过去的十几年里，那些能离开叙拉古的人早就走了，但是提摩勒昂鼓舞人心，吸引主要来自希腊世界西部的人在这里定居；考古记录表明，希腊西西里岛在复兴。

公元前 342 年至公元前 337 年，提摩勒昂发动数场战争攻打迦太基和其他城邦僭主。公元前 341 年，在克里米苏斯河上大败迦太基人；公元前 339 年提摩勒昂与迦太基签订条约，该条约规定迦太基只拥有岛屿西部。历史学家梯蒂欧迈之父——陶罗米尼姆的安德罗马库斯没有像其他统治者一样被推翻，可能是因为他品德高尚，也可能是因为提摩勒昂抵达西西里时他首先表示了欢迎。提摩勒昂逐渐失明，公元前 337 年退位，不久离世。提摩勒昂将自己的成就归功于好运和众神青睐，并大肆宣传；他虽然并不赞成专制统治，但不得不担任要职，以暴制暴来击败僭主。亚历山大大帝统治期间，西西里岛一派祥和，提摩勒昂为这里带来了 30 年的和平与繁荣。

A

SHORT HISTORY OF

ANCIENT

GREECE

第三篇

希腊化时期

（公元前 323 ~ 前 146 年）

第 9 章
亚历山大的继任者
（公元前 323～前 272 年）

抢占有利位置（公元前 323～前 301 年）

　　"希腊化"是一个约定俗成的标签，指代亚历山大大帝去世到罗马征服之间的希腊世界及其历史（源于 19 世纪普鲁士人 J. G. 德罗伊森创造的名词"Hellenismus"）。"希腊化"的泛希腊世界不仅包括古风时代以来希腊人居住和交往的地方，还包括亚历山大征服后的亚洲西部地区（尽管亚历山大曾征服亚洲东部一些地区，这些地区最终还是被收复了，且再未屈服于罗马铁蹄之下）；泛希腊世界由亚历山大的帝国发展而来，主要由王国构成。从公元前 3 世纪初的意大利南部，公元前 3 世纪中叶的西西里，到 30 年代的埃及，部分希腊世界在不同时期都曾被罗马统治；本书以公元前 146 年罗马占据希腊大陆（并最终摧毁地中海西部的主要对手迦太基）为分界线。希腊化世界多个大国相互竞争，希腊城邦仍然可以有外交政策，至少可以或不得不在各个阵营之间做出选择；但罗马征服后，它们就失去了这种自由，只有在少数情况下，某个城邦会帮助起义者反抗罗马，或支持某个罗马的政治领袖镇压起义者。

狄奥多罗斯·西库路斯史书《历史丛书》[1] 一直到第二十卷结尾（公元前 302/1 年）都保存完好；第十九至二十卷的希腊史料主要来自卡迪亚的希罗尼穆斯，他效力于统治马其顿的安提柯王朝；希罗尼穆斯虽然带有个人偏见，但他确实对这段历史了如指掌。阿卡迪亚麦加罗城的杰出公民波利比奥斯（公元前 2 世纪初至公元前 118 年）曾被带到罗马当作人质，他写史叙述并解释了罗马如何崛起、主导希腊世界，最初的时间跨度是公元前 220～前 168 年，后来时间范围扩大到公元前 264～前 146 年。虽然同样带有个人色彩，但是他的写史态度接近修昔底德。40 本书中只有第一到第五卷完好无损；现存第一至第十八卷的缩写以及其他部分的"残稿"；罗马史学家李维（公元前 1 世纪初到 1 世纪早期）大量借用波利比奥斯的史书，将记载延续到公元前 167 年，波利比奥斯史书的第一至十卷、第二十一至四十五卷以这种方式保存下来。记载公元前 300～前 225 年历史并唯一流传下来的是查士丁缩写的《庞培·特罗古斯》[2]，为我们提供了一幅框架（第十三至第四十卷讲到罗马征服后的希腊及后续王国，第十八卷第 3 节至第二十三卷第 2 节讲述迦太基初期和公元前 480 年以后的西西里，公元前 279 年以后的重新开始记载）。

普鲁塔克 [3] 在《希腊罗马名人传》中继续为我们讲述希腊世界的那些领袖人物。埃及亚历山大港的阿庇安（2 世纪）组织与罗马有过来往的不同人士编纂《罗马史》：现存部分包括第九卷（马其顿和伊利里亚）和第十一卷（叙利亚）；第十卷讲述希腊和爱奥尼亚，已经失传。希腊化时期另外两位重要作家分别是地理学家斯特拉博、穿过希腊中部和南部的旅行家鲍桑尼亚，他们二人都为后世留下了大量史料。[4] 这一时期其他类型的文学也生动展现了当时的社会和文化生活，[5] 但对于公共事项的描述略显单薄。此外，由于越来越多的城邦习惯在石头上铭刻文件，希腊化时期留存的铭文材料增多；埃及政府在莎草纸上记录了大量文件。

公元前 323 年，亚历山大离世，可以继位的人选有：其同父异母的兄弟腓力·阿黑大由斯；[6] 还有公元前 327 年出生的儿子赫拉克勒斯，[7] 其母是亚历山大的情妇巴西妮（曾先后嫁给门托耳和门侬）；亚历山大遗腹子亚历山大四世，其母是亚历山大的巴克特利亚妻子罗克桑娜。阿黑大由斯被推上巴比伦王位；亚历山大四世出生后，成为共同继承人。在众将军中，佩尔狄卡斯成功接替赫费斯提翁成为副手，接管巴比伦，并任命塞琉古为自己的副手。克拉特鲁斯与退伍军人一起返回马其顿；亚历山大本打算让克拉特鲁斯接替安提帕特，好将后者召来亚洲，[8] 但克拉特鲁斯一直未离开小亚细亚，安提帕特也就留在了马其顿。分封总督时，"独眼龙"安提柯一世得到小亚细亚的佛里吉亚（从公元前 333 年起他就一直在这里），希腊人攸美尼斯来自刻尔尼苏斯的卡迪亚，曾任亚历山大的秘书，后来他接手了小亚细亚东北部；色萨利人利西马科斯得到色雷斯，托勒密收下埃及；[9] 而安提帕特将分封在马其顿和希腊。为了确保没人能声称自己有特权根据亚历山大的计划行事，佩尔狄卡斯声称在亚历山大的文件中找到了一些计划，将其出示并说服军队放弃执行，原因是它们过分宏大。[10]

亚历山大曾命令雅典允许希腊流亡者归国，[11]否则将攻打萨摩斯；西部的埃托里亚人占领阿卡纳尼亚城邦俄尼阿达，雅典和埃托里亚趁亚历山大去世，在拉米亚战争中率领中部和北部的希腊人合力对战马其顿。公元前323/2年冬，他们将安提帕特包围在色萨利的拉米亚。公元前322年春，李昂纳都斯从达斯库利乌姆前去支援安提帕特，却战死沙场，围城军队最终撤兵。雅典舰队两次在战役中败落；夏季，克拉特鲁斯抵达并加入安提帕特，随后在克拉农击败希腊人。由于德摩斯梯尼，在雅典实行民主已经意味着反马其顿，[12]安提帕特与雅典签订协议，进行宪法改革。[13]

与此同时，在一些将军中间发生了冲突。佩尔狄卡斯和攸美尼斯采取行动打击在小亚细亚东试图建立独立王国的叛乱者，安提柯一世拒绝与他们合作，反而在马其顿加入安提帕特。公元前322年，佩尔狄卡斯喜爱亚历山大的妹妹克利奥帕特拉（她的丈夫摩罗西亚的亚历山大[14]已经去世），不愿娶安提帕特的女儿尼卡埃娅，于是安提帕特与盟友决定同托勒密[15]（他曾劫持亚历山大尸体，又将昔兰尼划入自己领土）合击佩尔狄卡斯和攸美尼斯。克拉特鲁在攻打攸美尼斯时战死；佩尔狄卡斯入侵埃及，结果惨败，被包括塞琉古在内的不满军官杀死。在叙利亚的特里帕拉狄索斯，安提帕特在公元前321年成为两个国王的摄政王，进一步控制马其顿；安提柯一世致力于攻打攸美尼斯，被称为"亚洲将军"；托勒密在埃及站稳脚跟，塞琉古得到巴比伦。安提柯一世之子德米特里、托勒密和利西马科斯都娶了安提帕特的女儿为妻。

安提帕特曾经来到亚洲，参与对战佩尔狄卡斯，并把波利伯孔作为副手留在马其顿，此人曾在亚历山大手下任职，与克拉特鲁斯一起回国；公元前 319 年，安提帕特去世，享年 80 岁，波利伯孔被指派接任摄政王，他自己的儿子卡山德任副手。卡山德不满，于是向希腊等地求助，得到安提柯一世的支持。安提帕特曾在拉米亚战争后在希腊城邦留有驻军，并建立亲信政权，这些城邦可能支持卡山德，因此波利伯孔以阿黑大由斯的名义首先发出希腊人自由宣言，承诺允许安提帕特时的流亡者回国，并恢复腓力和亚历山大治下城邦的宪法，[16] 结果希腊出现了动乱。如公元前 318 年，雅典民主政治取代拉米亚战争结束时建立的政治寡头统治，但公元前 317 年，卡山德组织了一个新寡头，由亚里士多德的学生——法勒鲁姆的德米特里领导。波利伯孔在伯罗奔尼撒包围麦加罗城，但没能拿下这里，他后来带回了亚历山大的母亲奥林匹亚斯（她与安提帕特发生争执后返回伊庇鲁斯）。阿黑大由斯野心勃勃的妻子欧律狄刻也因此帮助卡山德，派军攻打波利伯孔；结果自己的部队临阵脱逃，两人被抓，阿黑大由斯很快被判处死刑，欧律狄刻被迫自尽。接着，奥林匹亚斯清洗安提帕特族人及其支持者。公元前 316 年，卡山德返回马其顿：奥林匹亚斯被围困在皮德纳，随后被俘处决；罗克桑娜和亚历山大四世被监禁。卡山德娶了亚历山大异母姐妹，重建波提狄亚 [17]，更名为卡山德城（类比腓力创立腓力比、亚历山大在各地建立亚历山大港）[18]，为了纪念妻子，他在塞尔迈湾将塞尔迈重建为塞萨罗尼卡城；在希腊，卡山德收回底比斯，公元前 335 年将其夷为平地。[19]

在亚洲，安提柯一世在卡帕多西亚堡垒围攻攸美尼斯时，安提帕特去世。接着两人达成协议；由于安提柯一世支持卡山德，公元前318年，波利伯孔赋予攸美尼斯"亚洲将军"称号。攸美尼斯先后来到腓尼基和伊朗，公元前316年最终在伊朗向安提柯一世投降，后被处决。安提柯一世最终得到了帝国的财富，他算是唯一一位仍有雄心掌控整个帝国的将军。塞琉古不肯认同安提柯一世的最高地位，从巴比伦来到埃及求助托勒密；结果托勒密、卡山德和利西马科斯结盟与安提柯一世为敌，战争从公元前315/4年打到了公元前311年。塞琉古回到巴比伦，强迫安提柯一世同意签署和平和约：卡山德拥有"欧洲"，摄政地位不变（公元前310年卡山德杀死罗克桑娜和亚历山大四世）；利西马科斯拥有色雷斯，托勒密拥有埃及和昔兰尼；安提柯一世得到了"全小亚细亚"（并在一篇铭文中声称支持希腊自由自治），[20] 但仍与没有缔结同盟条约的塞琉古有冲突。公元前308年，安提柯一世撤退到叙利亚（在奥龙特斯河口附近建立了安提戈尼城），塞琉古控制东部：在巴比伦北底格里斯河的斯罗建起新都；约公元前305年，为了换取一支大象军队，塞琉古又将部分印度领土割让给旃陀罗笈多王子。

再看北部，当其他将军彼此针锋相对时，利西马科斯在色雷斯却远离尘嚣；他重建刻尔尼苏斯颈部的卡迪亚，更名利西马科亚城。波利伯孔仍主要漫游在希腊南部，控制科林斯和西锡安。公元前309年，他将亚历山大仅存的儿子赫拉克勒斯[21]带到马其顿，结果赫拉克勒斯被卡山德杀死，皇室血脉断绝，卡山德承认波利伯孔的伯罗奔尼撒将军地位。波利伯孔仍然活跃在希腊南部，但影响较小；何时死亡不得而知。

至于埃及，托勒密把都城孟斐斯（开罗南）搬到亚历山大港，在这里修建亚历山大墓地，如果不这样做，他的统治就会被认为是亲波斯的复辟。他通过控制一名兄弟占有了塞浦路斯，又与罗得岛结盟，甚至觊觎叙利亚海岸等地土地。公元前 309～前 308 年，托勒密前进到小亚细亚、爱琴海和希腊，接管迈加拉、科林斯和西锡安。然而，在公元前 307 年，安提柯一世派儿子德米特里来到爱琴海，从卡山德和法勒鲁姆的德米特里手中"解放"雅典（法勒鲁姆的德米特里后来建议托勒密修建博物馆和图书馆），[22] 夺取了迈加拉（卡山德已经收复科林斯）。公元前 307/6 年，安提柯一世接着来到塞浦路斯，包围萨拉米斯，赢取海战胜利，通过托勒密控制了该岛。公元前 306 年，安提柯一世入侵埃及，无功而返；公元前 305 年至公元前 304 年，德米特里围攻曾拒绝帮助袭击塞浦路斯和埃及的罗得岛，以失败告终（"围城者"的绰号得名于此）。占据塞浦路斯后，安提柯一世和德米特里赢得了"巴赛勒斯"（国王）的头衔，这可能表示他们宣称拥有亚历山大的整个帝国；公元前 305～前 304 年，托勒密以及之后的利西马科斯、卡山德和塞琉古也采用这一称号，不过不是针对整个帝国（卡山德自谓"马其顿之王"）。

国王们效仿亚历山大统治末期，[23] 开始被尊奉为神。公元前 311 年，在特洛阿德的斯凯帕西斯为安提柯一世建起一所神庙，设立祭坛和祭拜雕像，而且此前更早就已经设有节庆日。[24] 公元前

307/6 年，安提柯一世和德米特里被视为"救世主"（*Soteres*），雅典出现以这两人命名的新部落，有自己的祭司和运动会。[25] 由于托勒密曾帮助罗得岛抗击德米特里，公元前 304 年，罗得岛通过阿蒙神神谕允准将托勒密奉为神祇。[26] 公元前 306/5 年，岛民同盟（下文）已经有了两年一度的"安提戈尼节"，又在隔年增加"德米特里节"；[27] 而公元前 280 年岛民同盟又制定了"托勒密节"，反映出新的同盟关系。[28] 埃及更有甚者，国王或女王与"神灵"同起同坐（共享神庙），有固定神祇：首先证实的就是阿尔西诺埃二世（托勒密一世之女，最后成为托勒密二世之妻），[29] 公元前 304/3 年，德米特里的塑像出现在雅典帕特农神庙也是意料之中。与此紧密关联的是，不同于一处城邦对某一个统治者的崇拜，王朝发起的是对整个王朝的崇拜：早在公元前 3 世纪亚历山大港已经出现了崇拜亚历山大大帝的浪潮；后来又崇拜托勒密一世以及王朝后来的成员，埃及神庙也祭祀托勒密。[30] 共和主义的罗马进入希腊世界时没有以同样的方式产生王朝崇拜，但崇拜源自拟人化了的罗马。[31]

公元前 304 年，德米特里回到希腊，开始争取并"解放"城邦，并于公元前 302 年组织重建腓力的科林斯同盟（约公元前 314 年，在安提柯一世支持下，提洛岛脱离雅典束缚，爱琴海建立了岛民同盟；公元前 286 年，托勒密控制该同盟）。[32] 公元前 301 年，他必须返回小亚细亚，帮助安提柯一世抵抗其他国王的联合袭击，在安纳托利亚高原的伊普苏斯，国王一方获胜，安提柯一世被杀。此后，马其顿、埃及和近东的多个王国得以生存；尽管各城邦尽可能保持自治，希腊、爱琴海和小亚细亚之间仍然纷争不断，埃及和近东王国均宣称拥有叙利亚海岸。

巩固（公元前 301～前 272 年）

　　除了查士丁的史书，伊普苏斯战争之前的历史少有史书记载，但希腊化世界在这段时期显然逐渐习惯了这种一直持续到罗马征服的模式。托勒密在埃及安然无忧，塞琉古稳坐近东部分；卡山德此时统治马其顿。伊普苏斯战争后，利西马科斯拿下了小亚细亚大部，托勒密占据塞浦路斯和叙利亚海岸，塞琉古则占拥叙利亚内陆。德米特里拥有海军却没有王国，是一股破坏力量：拉查雷斯拒绝他进入雅典，转头与卡山德和利西马科斯结盟，于是德米特里的注意力转移到与塞琉古联姻的好处上来。公元前 297 年，卡山德及其长子去世，另外两个儿子争夺王位，德米特里趁此机会回到欧洲。公元前 295 年，他重获雅典执政权；利西马科斯支持其中一位王子，但给他的帮助较少，公元前 294 年，另一位王子在伊庇鲁斯国王皮洛斯支持下成功登基，[33] 德米特里诱导新王参加会议，趁机将他杀害，自己接管了马其顿。然而，他的野心没有止步于此：先是攻打色雷斯被利西马科斯击败；接着扩建海军，在色萨利南部的德摩特里亚斯建立基地。公元前 288 年，利西马科斯和皮洛斯（来自伊庇鲁斯）与德米特里为敌，入侵马其顿，托勒密派舰队驶入爱琴海。马其顿人拒绝为德米特里而战；皮洛斯和利西马科斯瓜分了马其顿；公元前 287 年，雅典在托勒密支持下反抗德米特里（其驻军留在了比雷埃夫斯）；

公元前 286 年，利西马科斯在小亚细亚逐步获得实权（以弗所在洪水后重建，成为利西马科斯的首要城邦），引起了德米特里注意。德米特里登陆米利都附近，得到了一些城邦支持，然而在与利西马科斯之子阿加索克利斯狭路相逢时撤兵东去，被塞琉古俘虏，死于公元前 283 年或公元前 282 年。与此同时，利西马科斯将皮洛斯赶出马其顿，掌管了除德摩特里亚斯外的几乎整个马其顿和色萨利。德米特里将儿子安提柯·哥纳塔斯留在希腊，皮洛斯没能将他驱逐出去。

国王们年事渐高，经过反复联姻，王位继承出现了问题。塞琉古与伊朗妻子生下儿子安条克，被指定为共同摄政王（德米特里的女儿在伊普苏斯战争后嫁给塞琉古，后改嫁安条克）。安提帕特之女欧律狄刻为托勒密生下儿子托勒密·西劳努斯（"霹雳火"）；但他中意的继承人是与另一位妻子贝勒尼斯生下的托勒密·菲拉德尔弗斯（"爱兄弟姐妹者"），公元前 285 年贝勒尼斯成为共同摄政王，并且在公元前 283 年菲拉德尔弗斯去世后继承王位。欧律狄刻与西劳努斯带着族人来到小亚细亚。欧律狄刻之女嫁给了利西马科斯，成功怂恿他与儿子阿加索克利斯反目，结果公元前 283/2 年阿加索克利斯遭人暗杀，利西马科斯没有了合法继承者。于是塞琉古在公元前 282 年入侵小亚细亚，公元前 281 年初，塞琉古在萨迪斯以西的库鲁佩迪安击败利西马科斯，并将其杀死。塞琉古觊觎马其顿，于是跨过赫勒斯滂海峡来到欧洲，后来被西劳努斯暗杀。在两三年内，德米特里、托勒密、利西马科斯以及塞琉古先后去世。

西劳努斯在利西马科亚城自封马其顿国王。他从塞琉古手中夺得船只，击败了最大的潜在挑战者安提柯·哥纳塔斯，借兵给皮洛斯攻打意大利，这样意大利就无暇插手自己的计划。凯尔特部落和他们驱逐的人逐渐穿过欧洲，来到南部和东部。利西马科斯成功将他们赶出自己的国土，但是西劳努斯却做不到，公元前280/79 年被一群高卢人击败杀死。西劳努斯的兄弟和安提帕特的孙子在位时间很短；将军索斯狄尼斯更有才德，却拒绝了王位。公元前 279 年，另一群高卢人在布伦努斯带领下迁入希腊；却被希腊中部的一支军队阻隔在了温泉关，埃托里亚人入侵也被拦下。据说一场奇迹般的暴风雪拯救了德尔斐，布伦努斯在返回北方途中离世。有的高卢人回到多瑙河，有的在色雷斯建立了"泰里斯王国"，还有的迁入小亚细亚。

在小亚细亚，安提柯·哥纳塔斯和安条克都希望填补利西马科斯和塞琉古死后留下的空白。公元前 278 年，二人达成和解，哥纳塔斯返回欧洲。公元前 277 年初，他通过伏击杀死了许多利西马科亚城附近的高卢人，大大提高了自己的声誉，同年年底成为马其顿的国王，并迅速解决了其他敌对党羽。此外更重要的是，皮洛斯于公元前 275 年从意大利返回，并于公元前 274 年击败哥纳塔斯自立为王（他安排了高卢人军队驻扎在埃吉伊，高卢人却洗劫了皇家陵墓）；公元前 272 年皮洛斯死在阿尔戈斯，哥纳塔斯从此高枕无忧。地区争议依然存在，小势力涌现，罗马征服前仍由三个强大王朝统治：埃及的托勒密、近东的塞琉古和马其顿的安提柯。

雅　典[34]

这一时期雅典出现了数次政权变动。德摩斯梯尼确立了"民主"与马其顿式自由[35]结合的制度：这一时期的两个政权（公元前321～前118年，公元前317～前307年）严格意义上属寡头政治，公民主体有限；但他们从不使用政治寡头一词，自始至终都声称自己提倡"民主"，坚决地反对马其顿。

由于哈帕鲁斯事件以及他所带去雅典的财物，德摩斯梯尼和德马德斯被认定有罪，德摩斯梯尼被放逐。[36]公元前323年，亚历山大去世，旧阵营卷土重来：希佩里德斯和德摩斯梯尼（获准回国）率领雅典加入拉米亚战争，攻打马其顿，德马德斯经受了丧失政治权利的痛苦。公元前322年马其顿获胜，德马德斯重新掌权，与福西昂一起协议休战；后来德摩斯梯尼自杀，希佩里德斯被送去马其顿处决。安提帕特强制实施了新宪法，人们称之为"梭伦法律"或"传统宪法"，[37]但财产资格限定为2000德拉克马，一队马其顿军队驻扎在比雷埃夫斯海港；德马德斯与代表团一同来到马其顿抗议驻军，结果以亲近佩尔狄卡斯的罪名被处死。公元前318年，作为对波利伯孔宣告自由和前宪法的回应，雅典恢复了"民主"，但没有撤回驻军；福西昂被处决。公元前317年，他们与卡山德达成协议，后者强行将财产资格变为1000德拉克马，并要求亚里士多德的学生、法勒鲁姆的德米特里担任监察官。法勒鲁姆的德米特里掌管下的政权一直持续到了公元前307年：他推行各种法律和制度改革，包括取消了由官员主持的富裕公民在节庆活动上竞相花钱的"祷告仪式"[38]，代之以官方风格的赛会官员（"竞赛制定者"）主持，这些官员由公共资金雇请，可以增加。

公元前 307 年，德米特里开展解放运动：撤离了驻军，重建了所谓"传统宪法"的民主形式，但没有全盘推翻所有改革（保留赛会官员，15 岁至 20 岁之间的青年男子培训计划减为一年，且自愿参加，后一项可能是新的改革措施，也可能来自之前的制度[39]）。雅典人接受新世界的局面，信奉"救世主"安提柯一世和德米特里，创建了以他们名字命名的另外两个部落，以此来表达对他们的感激之情。公元前 304/3 年，德米特里成为帕特农神庙里的诸神之一，部分反对者遭到流放；公元前 302 年，历法遭到严重篡改，他借机小范围引入埃莱夫西斯秘密仪式，并迅速将其扩展。公元前 301 年，雅典在伊普苏斯击败安提柯一世和德米特里，宣布中立，接下来几年里，卡山德的支持者拉查雷斯位高权重，所以后来的对手都将他称作僭主；公元前 295 年，德米特里封锁雅典，直到拉查雷斯逃走封锁才结束。德米特里现在不可一世：他驻军阿提卡，包括在城墙内的缪斯山（2 世纪时斐洛帕普斯纪念碑建在这里）；他在位期间担任公职的模式首次开始偏离正轨。公元前 287 年，雅典在托勒密的帮助下重获内部自由，但除缪斯山外别处驻军仍然未撤（数年后收回埃莱夫西斯和拉姆努斯，但比雷埃夫斯、萨拉米斯或苏尼昂仍被占据）。

文学记载也丰富了重要人物颁布的一系列法令。为了表彰公元前 4 世纪 30 和 20 年代的金融家莱库古对"民主"的贡献，公元前 307/6 年人们在市集上为他塑像；[40]公元前 281/0 年，德摩斯梯尼在侄子德摩哈雷斯提议下同样享此殊荣；[41] 德摩哈雷斯公元前307/6 年曾活跃在政治舞台，却在公元前 304/3 年被"颠覆民主者"驱逐流放；德摩哈雷斯于公元前 286/5 年回到雅典，公元前 271/0 年颁布了一项法令，其中特别强调他从未涉足任何反对民主行为。[42] 公元前 283/2 年，利西马科斯的朋友、享有盛誉的诗人腓里皮德斯，一直支持"民主"，自伊普苏斯战争以来在各种场合向他求情（许多雅典人追随安提柯和德米特里）。[43] 公元前 270/69 年的一项法令赞誉卡里阿斯（他当时在哈利卡尔那索斯，为托勒密二世效命）：尽管他从未有过抵制"民主"的行为，但却在政治寡头统治时被没收财产；公元前 287 年，卡里阿斯在托勒密一世支持下回到雅典，帮助推翻德米特里政权，与托勒密一世和二世合作，为雅典带来财富和粮食（公元前 3 世纪 80 年代，数项法令表明，比雷埃夫斯海港和萨拉米斯岛敌方驻军影响了粮食供应）。[44] 公元前 259/8 年安提柯王朝掌权雅典时，卡里阿斯的兄弟斐德罗受到赞誉；[45] 他曾先后在拉查雷斯和德米特里政权下任职，德米特里围城时却支持雅典（公元前 287 年，在围城开始前兄弟俩合作确保粮食收成）；公元前 287/6 年斐德罗担任将军，在他统治时期，雅典自由民主，保持自治。[46]

亚历山大曾命令雅典允许流亡者归国，否则将攻打萨摩斯，因此，萨摩斯从公元前 322 年起再次获得独立，公元前 280～197 年间一直在托勒密的庇护下。公元前 319 年，波利伯孔宣布允许雅典收复萨摩斯，实际从未生效。公元前 318 年，安提戈努斯占领爱琴海北部的雅典岛屿，包括伊姆罗兹岛、利姆诺斯岛和斯基罗斯岛，[47] 但在公元前 307/6 年以后几年、公元前 3 世纪大部分时间和公元前 166 年后又再次被雅典夺回。从公元前 314 年起，安提戈努斯从雅典手中解放了提洛岛[48]，提洛岛一直独立到公元前 166 年才被罗马送归雅典。[49]

伊庇鲁斯

斯巴达国王阿希达穆斯三世来到意大利，帮助他林敦反击卢卡尼亚人，却于公元前 338 年被杀。公元前 342 年，奥林匹亚斯的兄弟亚历山大一世登上摩罗西亚王位，[50] 公元前 334 年同样接受了他林敦的求援，于公元前 331 年战败被杀。继任国王仍然是从这个家族内部挑选，此后围绕这一王国建立了更广泛的伊庇鲁斯同盟。亚历山大之子涅俄普托勒摩斯二世继位，最初由奥林匹亚斯和母亲克利奥帕特拉监护，但阿莱拜斯（公元前 342 年被驱逐）后代也声称是王位继承人：按顺序应该是他的儿子伊阿库斯和阿尔西达斯以及伊阿库斯之子皮洛斯。马其顿统治者和伊利里亚人曾在不同时期支持夺位者。

皮洛斯是最负盛名、最有能力、最有野心的国王。[51] 公元前 307/6 年，12 岁的皮洛斯在伊利里亚人扶持下登基。公元前 302 年，卡山德驱逐皮洛斯，改立涅俄普托勒摩斯，皮洛斯投靠"围城者"德米特里（他的姐夫）。公元前 298 年，皮洛斯被作为人质送到托勒密；卡山德死后，他得到托勒密帮助，公元前 297 年回到伊庇鲁斯；一开始皮洛斯与涅俄普托勒摩斯共治，不久就将其杀死。公元前 295 年迎娶叙拉古僭主阿加索克利斯的女儿，嫁妆就是克基拉。[52] 公元前 294 年，皮洛斯帮助卡山德的一个儿子争夺马其顿王位，自己得到了希腊西北部的大片领土。然而，德米特里将这位王子杀死，占据马其顿（还抢走了皮洛斯在叙拉古的妻子）。公元前 288 年，皮洛斯和利西马科斯分别从东西进攻，包围马其顿，不久德米特里就被利西马科斯赶走了。

公元前 281/0 年皮洛斯收到意大利南部塔拉斯的求援，塔拉斯现在与罗马发生冲突，不久前塔拉斯曾对皮洛斯施以援手。皮洛斯本打算攻打马其顿的托勒密·西劳努斯，由于双方曾签订条约，他改为应援塔拉斯。公元前 280 年来到他林敦，并任他林敦总司令；赫拉克利亚位于他林敦和图里之间的海岸附近，罗马人在这里拒绝了他的仲裁提议，皮洛斯于是部署大象对战，最终战胜，却也伤亡惨重。这是希腊和罗马历史上的第一次直接交集。虽然得到了许多希腊城邦和意大利南部人的支持，但当皮洛斯向罗马推进时却被赶了回去。与罗马的进一步谈判破裂。皮洛斯从希腊城邦筹集了大笔资金，公元前 279 年再次北上，战争在意大利东侧的奥斯库伦持续了整整两天，皮洛斯再次损失惨重，虽然获得了胜利：这就是臭名昭著的"皮洛斯式胜利"（形容得不偿失）。[53] 随后他受邀帮助叙拉古攻打罗马支持下的迦太基，公元前 278 年前往西西里，而罗马在意大利重获部分盟友。[54] 尽管皮洛斯旗开得胜，但没能从迦太基夺得利利巴厄姆，并且在企图把战火引向非洲时疏远了西西里的希腊城邦。公元前 276 年，皮洛斯回到意大利，遭到迦太基舰队袭击，公元前 275 年，在尼波利斯东北部马尔文敦（后来更名为贝内文托）与罗马人的最后一战中铩羽而归。

与此同时，托勒密·西劳努斯已经被杀，高卢人侵入了马其顿和希腊，公元前 277 年，安提柯·哥纳塔斯自封马其顿国王。公元前 275 年，皮洛斯命令一个儿子带军队留在他林敦，自己返回希腊，公元前 274 年，在一场战争中大胜控制了马其顿和色萨利。公元前 272 年皮洛斯又转向伯罗奔尼撒，攻打斯巴达不下，被迫带军进入阿尔戈斯。在这里，皮洛斯被哥纳塔斯围困，死于一名女子从屋顶扔下的瓦片；其子亚历山大二世继位伊庇鲁斯王位。亚历山大二世虽然精明能干，却不能把一项政策进行到底：哥纳塔斯把他比作一个赌徒，骰子扔得虽不错，但不会将运气转化为优势。[55] 同年，他林敦向罗马人投降（罗马称之为塔伦图姆）。

西西里岛

公元前 337 年，提摩勒昂去世，[56] 西西里岛几乎沉寂了 20 年。公元前 317/6 年，狄奥多罗斯重新开始记述，[57] 并回溯了在此之前阿加索克利斯是如何崛起的。阿加索克利斯来自利基翁一个被流放的家族，在提摩勒昂广招定居者时来到叙拉古；书中他的父亲是陶工，不止是职业工匠更可能是工场主；阿加索克利斯自己娶了叙拉古最富有的一个寡妇。

叙拉古此时由六百人组成的团体统治。阿加索克利斯先是在意大利支持克罗顿，然后又袭击了六百人团体的领袖们，结果被流放。他后来参与了意大利的多次冲突，成功帮助利基翁民主派抵抗住了叙拉古政治寡头的进攻。许多政治寡头被驱逐，阿加索克利斯返回叙拉古；他们获得迦太基支持；科林斯派出将军阿塞斯托里德斯安排和解，但阿加索克利斯再次被流放。于是阿加索克利斯组织军队袭击叙拉古，说服迦太基人撤军，接着在公元前319/8 年再次回到叙拉古。约公元前 316/5 年，阿加索克利斯邀请六百人团体参加会议，煽动不满情绪，据说有四千名政治寡头被杀，其余六千人大都逃往阿克拉加斯。阿加索克利斯主动请辞，结果当选"全权将军"，并开始着手取消债务，重新分配财产。[58]

接下来几年西西里陷入战争，阿克拉加斯和墨西拿带头反对阿加索克利斯。斯巴达王子阿克罗塔都斯受邀指挥反对派，结果不得人心只好撤离，公元前 314 年，迦太基人安排和解，西西里岛像以前一样分属希腊和迦太基，而叙拉古占有希腊部分。阿加索克利斯继续与敌人作战，残酷处置战败的城邦，但在公元前 311年惨败后，他被迦太基人赶回叙拉古。公元前 310 年，迦太基人封锁叙拉古，阿加索克利斯成功出海，带兵反击，这对欧洲人来说史无前例。他焚毁船只，击败迦太基军队，占据多个小城镇，并邀请曾跟随亚历山大的奥菲拉斯作盟友，奥菲拉斯从公元前 322年起代表托勒密管理昔兰尼。公元前 308 年奥菲拉斯抵达，两人后来发生冲突，阿加索克利斯将他处死，接管其军队。随后阿加索克利斯返回西西里，将儿子阿卡加苏斯留在非洲指挥大局，但却成为迦太基人的手下败将；公元前 307 年，阿加索克利斯卷土重来，但却未取得任何进展，最终将军队遗弃在迦太基，自己返回了西西里。

与此同时，叙拉古人在西西里大败一支迦太基军队，但阿加索克利斯的希腊对手决定继续对战叙拉古和迦太基。阿加索克利

斯也因此在公元前 308 年从非洲返回，加入优势一方；公元前 306
年，他最后一次返回并与迦太基订立条约，西西里仍旧分属希腊
和迦太基，而阿加索克利斯可以分得一笔补偿金；大约同年，迦
太基与罗马签订条约。此后，阿加索克利斯终于击败希腊对手；
约公元前 304 年，他效法亚历山大帝国统治者，登基称王。

　　由于没有狄奥多罗斯史书的完整文本，公元前 302/1 年到阿
加索克利斯统治末期的信息缺失。约公元前 300 年，阿加索克利
斯前往意大利，帮助他林敦抗击卢卡尼亚等；可能由于再次同迦
太基发生冲突，他打算与西西里和意大利的希腊人建立同盟，还
占据了一些意大利城邦。阿加索克利斯娶托勒密的女儿（或继女）
为妻；然后占领克基拉，将这里作为女儿的嫁妆先后送给了皮洛
斯（公元前 295 年）和"围城者"德米特里（公元前 291 年）。迦
太基战争爆发前，阿加索克利斯就一病不起，他的指定继承人儿
子阿加索克利斯（与其同名）被孙子阿卡加苏斯杀害。但他宁可退
位也不让阿卡加苏斯继承王位，阿加索克利斯最终于公元前 289/8
年自然死亡，也有传闻是遭人毒杀。

　　此后叙拉古有了一段时期的内乱，并失去主导地位，各个城
邦僭主夺权，希塞塔斯和锡侬先后统治叙拉古。希腊的劣势被迦
太基人和马麦丁人大加利用，马麦丁人是阿加索克利斯（他曾占据
墨西拿）旗下的意大利雇佣军。在叙拉古，锡侬被赶出外部城邦，
但仍坚守在奥尔图基亚的要塞。公元前 278 年，一支迦太基船队
封锁叙拉古，为响应当地公民的号召，皮洛斯跨过意大利本土来
到西西里岛。迦太基人撤退，皮洛斯掌管了整个城邦，被授予国

王头衔。公元前 277 年，皮洛斯在岛屿西部抵御迦太基人，取得了一些成功，不过没有拿下港口城镇利利巴厄姆。他计划去非洲，却像之前的阿加索克利斯一样在西西里日益专制，逐渐失去民心，公元前 276 年，迦太基人重整旗鼓进攻西西里时，皮洛斯返回了意大利本土。

第 10 章
希腊化世界的生活

政治生活

　　希腊中心由希腊本土、爱琴海和小亚细亚西海岸组成，希腊及其城邦历史悠长，从多个方面来看，后继王国崛起并没有彻底改变单个城邦的生活。少数几个主要城邦需要在各国王之间权衡，寻求他们的支持，这很大程度上是由于严重缺少权力和尊重；但对于大多数城邦而言，权衡各位国王与权衡古典时代的主导城邦并没有太大区别，而运筹千里之外的国王可能并不如雄心勃勃的邻邦那样愿意干预本邦。[1] 各城邦继续独立举行集会，任命本邦官员，制定本邦法律和法令，征收赋税并举办节庆，与其他城邦建立同盟或挑起纷争。国王们在马其顿等地建立城邦（或将现有殖民地重建为城邦），公民生活不同于传统生活，城邦决议可能会明显同国王的政策一致，就像腓力比认可科斯岛阿斯克勒庇俄斯神庙的豁免权，[2] 城邦中可能有"监察官"，担任国王的代理人，这些代理人将国王对城邦的指示上传下达，诸如塞萨罗尼卡城这样

的"圣城"。³国王乐于授予某些或所有城邦自由，因为他们知道与其等到迫不得已，还不如慷慨送出。⁴

大多数城邦要么从严格意义上讲是披着"民主"外衣，要么是温和的寡头政治（在后一种情况下，财产资格较低或在集会中发表演讲和提出议案的权力受限）；"民主"一词有时仍用来对比寡头政治和君主政体，但更多的时候一般是指代合法的制宪政府。然而，极为富有的公民更有机会成为城邦的恩主，所能获得的权势也更重，所以罗马人来到希腊时更乐意与富人打交道。单个城邦的特殊性一定程度弱化，随着"平等公民权"（isopoliteia）的呼声越来越高，某城邦公民在其他城邦生活一段时间，就可以享有该城邦的公民权；如果城邦之间或内部出现争端，经常会邀请第三方城邦的"外籍法官"，尽管他们不甚了解当地法律及其他细节，但更多的是考虑到他们与案情毫无瓜葛。有的城邦寻求外界对他们神庙的认可（参见上文），建立起了关系网。从古风时代和古典时代以来，既有独立城邦结盟［现在称为"同盟"（sympoliteia），即"共同公民身份"（synoikismo），而不是集住］，⁵也有结盟城邦解体。希腊化时代，希腊本土的两大同盟是埃托里亚和亚该亚，⁶与雅典、斯巴达和底比斯在古典时期同盟的差别在于这种同盟并不是以某个强大、野心勃勃的城邦为中心，其他成员从属其下。

在埃及和近东，亚历山大征服和后继王国的发展带来的不仅有希腊–马其顿统治者及其法庭，还有希腊和马其顿移民，并且还在非希腊土著居民中建立了希腊城邦。

埃及只有少数几个城邦，其中最重要的就是亚历山大港：公民只有希腊人和马其顿人（也有其他外来移民，如腓尼基人和犹太人），城邦内也有皇室官员。配有土地和神职人员的庙宇形成了另一种权力结构。其他地方的人居住在城镇和乡村，按照以前的制度，这些城镇被划分为"省"，有各等级的官员；定居这里的移民大都曾是士兵，分得土地后成为殖民者，[7] 作为地主从不耕作，由埃及当地人从事农业活动。殖民者与埃及人之间相互通婚，所以许多埃及人除了埃及名字外，还有一个希腊名。莎草纸上记载的行政文件表明，政府对农业持有高度干涉的态度，[8] 目的似乎是尽可能多地榨取税收来支持宫廷及军事行动，这与现代意义上的控制经济不同。史书记载了公元前 3 世纪中叶起的一系列地方起义以及统治王朝内部争斗越来越多；尽管如此，埃及王朝仍然掌权近三百年，埃及似乎并没有遭受严重的统治问题，虽然有民族主义和社会不满情绪。

　　近东是波斯帝国的主要部分，波斯帝国曾被亚历山大征服，但大多数时候主要由塞琉古统治；此处土地、人口混杂。从地中海到美索不达米亚的"肥沃新月"和小亚细亚海岸城市化程度较高。美索不达米亚山脉呈西北——东南走向，从土耳其东部延伸到伊朗，波斯的核心位于该地区南部。此外还有延伸至阿富汗和巴基斯坦的省份，印度河谷在公元前 305 年割让给旃陀罗笈多[9]，公元前 3 世纪中叶，此处以北出现了独立的印度希腊巴克特利亚王国。[10] 塞琉古没有固定都城，无论国王在哪儿，重大事务都交由他处理；他们继续沿用波斯人的非干涉主义行政手段，容许各种总督、城邦和地方领主（他们经常为皇室成员指挥地方）的存在，官方文件也使用多种语言，要求他们随同作战，缴纳贡赋。权利属于国王及其"友人"和军队。

部分土地以及森林、矿山等类别的土地明确规定是皇家领地［在这里劳作的人被称为"巴西利科劳役"（*basilikoi*），就是皇家仆人］。此外，寺庙财产和私人庄园里也有仆人。农村土地常常附属城邦；国王可以赠予土地，并规定如何使用。[11]塞琉古一世和安条克一世都积极建造城邦，有时既会在一处新址留下殖民者，也会重建现有城镇，制定希腊制度，有时还会建立具有军事目的的退伍军人殖民地。相比新建城邦，旧城邦往往更少受到皇室干涉。

文化生活[12]

希腊的宗教与之前大同小异，不过增加了对统治者和王朝的崇拜。[13]古典时期起一直从外部向希腊中心引入神祇和祭仪；埃及神祇塞拉皮斯（希腊的奥西里斯－阿庇斯）和伊希斯（丰饶女神）以及一些近东神祇的影响扩大到国外。新神祇在整个希腊世界发扬光大，摆脱了旧神祇的人为界定，如命运女神堤喀。公众仪式依然重要，但专注个人与神关系的祭仪可能有所增加。如上文所述，许多城邦希望整个希腊世界认可他们的神庙不容侵犯。

在文化和政治方面，雅典失去了公元前5和公元前4世纪时一直享有的优势。体育馆和剧院等希腊文化机构像希腊政治体制一样传播到泛希腊世界的新城邦或重建城邦，希腊文学作家中出现了非希腊人和女性。尤其重要的是，托勒密一世听取来自雅典法勒鲁姆的德米特里的意见，修建了博物馆（有薪学者团体）和亚历山大图书馆，[14] 不仅成为文学活动中心，而且推动了对旧文学的学术编辑和解读，还为新文学写作提供了更加学术的方法。亚历山大的一大贡献就是《七十士译本》，据说托勒密二世命令 70（或 72）位学者 [15] 将犹太经典的前五本书译为希腊语，而整套书的翻译在几百年后才完成。

诗歌倾向于小范围的精美作品。约公元前 275～前 250 年间，活跃在亚历山大港的作家有如下几位。昔兰尼人卡利马科斯，他创作的散文现已失传，其中有希腊文学的作家目录《卷录》；他的诗歌有《起源》（习俗、艺术和艺术作品的"起源"，只有片段流传下来）、六首《赞诗》和一些墓志铭。叙拉古人忒奥克里托斯创作《田园诗》，其中有模仿古风时代阿尔凯奥斯的部分，[16] 他最知名的是田园哑剧，使用史诗式六步格（维维尔创作的拉丁文《牧歌集》也效仿了忒奥克里托斯）。罗得岛人阿波罗尼奥斯的成名作史诗《阿尔戈船英雄记》，讲述传奇人物伊阿宋和金羊毛，它不是一个宏大的整体，而是带有学术性，有些片段化。赫罗达斯创作的《拟曲》（抑扬格"哑剧"）是与新喜剧主题类似的戏剧短片，部分保存在莎草纸上。阿拉托斯来自西里西亚的索罗伊，与亚历山大没有交往，创作说教诗：其作品《物象》讲述星座和气候征兆。

接下来的这一代中最响亮的名字是埃拉托斯特尼，他在亚历山大港接任阿波罗尼奥斯的图书管理员职位，他不仅创作诗歌，而且还留下了文学批评、年表、数学、地理和哲学著作。历史创作沿着公元前 4 世纪确立的道路继续前进，作品有的涉及面广，有的主题集中，有的庄重严肃，有的夸张且富有戏剧性。这一时期最杰出的历史学家是波利比奥斯（公元前200~前118年），波利比奥斯来自阿卡迪亚麦加罗城，他撰写了罗马崛起到支配希腊世界的故事，并且宣称自己提出的严肃意向和方法可与修昔底德相提并论，并且还极为乐意抨击他眼中的低级作者。[17]

希腊化时期的科学成绩斐然。技术提高并带来了实际效益。叙拉古人阿基米德（公元前3世纪）发明了用于抽水的"阿基米德式螺旋抽水机"和复合滑轮，提出阿基米德原理（他在跨进浴盆时发现了水是如何溢出的，惊呼："我找到了！"）。来自亚历山大港（公元前3世纪）的特西比乌斯发明了机械水钟和气压制动的机器。军事武器在公元前4世纪出现重大进展，[18] 但在希腊化时期才制造出来。来自莱斯沃斯岛艾雷色斯的泰奥弗拉斯特是亚里士多德的学生，创作了《植物研究》和《植物的原因》（有保留下来），发展了他的导师在动植物学方面的研究（亚里士多德的其他学科也得到发展）。在医学方面，早期的著名人物有科斯岛的希波克拉底（公元前5世纪末）；以"希波克拉底"名义保留下来的医书实际来自人们的长期积累；后期佩加蒙的盖伦（2世纪）最为突出。我们很难得知在此期间医学是如何发展起来的，也无法得知寺庙医学（科斯岛的医神阿斯克勒庇俄斯神庙）和"希波克拉底医学"相互补充或对立到哪种程度；此外，科斯岛的普拉克萨哥拉（公元前4世纪末）是一位解剖学家，卡尔西登的赫罗菲拉斯（公元前3世纪初）发现了神经，并且赫罗菲拉斯和尤里斯的埃拉西斯特拉图斯（公元前3世纪初）都做过解剖实验。

在天文学方面，雅典人默冬（公元前 5 世纪末）发现了 19 年周期（默冬周期），将阴历月份与太阳的运行同步起来，[19] 史学家修昔底德发现日食出现在新月。[20] 在希腊化时期，泛希腊世界留下了更多巴比伦人的观测。萨摩斯岛的阿利斯塔克（公元前 3 世纪初）认为地球围绕地轴自转，围绕太阳公转，而不是太阳围绕地球旋转。来自比提尼亚尼西亚的希帕尔库斯（公元前 2 世纪）发明了几种乐器，[21] 制作了恒星表，还发现了"春分岁差"（通过观测夜空发现恒星外观会在一年各个季节里缓慢变化）。埃拉托斯特尼（如上）通过研究经纬度，计算出了地球周长。科尼多斯的阿加塔尔齐德斯（公元前 2 世纪初）解释了尼罗河每年的洪水泛滥现象。在数学领域，欧几里得（公元前 300 年）可能在亚历山大港工作，其《几何原本》以公理、定理和证明为基础，提出了系统的几何学，巩固了前人成果，至今仍是 20 世纪几何学的根基。阿基米德（如上）计算出了 π 值（圆周率），即圆的周长与直径的比率。希帕尔库斯（如上）发明了三角学。

公元前 5 世纪，哲学家开始质疑大量已被人们接受的信仰及其解释。公元前 4 世纪，为了寻求新的确定性，柏拉图尝试从假象中区分真正的知识，亚里士多德则在各个领域进行大量观察，总结一般规律。希腊化时期，雅典仍是哲学的主要中心；尽管亚里士多德学派（称为逍遥学派，因为他们在讨论的时候常常四处漫步）影响越来越广，而其他哲学学派更加关注人们应当如何生活。犬儒派拒绝接受一切社会生活的标准和传统，其中最知名的有锡诺普的第欧根尼（公元前 4 世纪末）。伊壁鸠鲁（公元前 4 世纪末，生于萨摩斯）在雅典自己的"花园"里创建了享乐主义学派，用原子论看待宇宙，认为人们生活的首要目标应该是达到一种不受干扰的宁静状态（即避免麻烦）。塞浦路斯季蒂昂的芝诺（公元前300年）创办斯多噶学派，该学派以芝诺在雅典集会广场的画廊聚众讲学而得名，他研究逻辑学、物理学和伦理学，斯多噶学派认为世界是理性的，真正的幸福来自于按照人性理性行事；斯多噶学派是唯一乐于参与政治生活的哲学学派。伊利斯人皮浪（公元前4世纪）是怀疑学派鼻祖，顾名思义，他强调人们应该承认不确定性，而不是不懂装懂；公元前3世纪，柏拉图学园的继任者采用了这一观点。还有一些作家凭空幻想出乌托邦：犹希迈罗斯（可能是公元前3世纪）和麦西尼的亚姆布鲁斯（公元前300年）描绘世界边缘的一些岛屿，在那里一切都恰到好处，许多人设机构都不需要。

在建筑领域，出现更加复杂的构造，延续了早期希腊建筑的一贯风格。正如哈利卡尔那索斯的摩索拉斯陵墓已有的一样，不仅有希腊特色，还借用了其他图案，如佩加蒙的棕榈叶大写字母。在某些书中，亚历山大港的高大住宅和灯塔（公元前3世纪初）与摩索拉斯陵墓一起列入古代世界七大奇迹。在希腊化时期，有了摩索拉斯陵墓先例，雕塑从古典时期的理想化人物向可辨认的个体转变，这一趋势同样体现在这一时期钱币上的国王肖像。这一时期的其他重要作品还包括两座纪念公元前3世纪击败高卢侵略者的雕像（一座来自雅典，另一座可能来自佩加蒙）；[22]《萨莫色雷斯的胜利女神》（公元前200年）；《佩加蒙的宙斯大祭坛》（公元前 2 世纪初），现在所谓的巴洛克式风格，在边缘配有饰带，人物伸出主体构架延至安放台阶上；拉奥孔群雕（现存希腊化时期原版的罗马复制品）。罗得岛雕塑家卡瑞斯在这里创作了太阳神赫利俄斯铜像，约 105 英尺（32 米）高，也是七大奇迹之一，公元前 300 年时树立在海港入口，纪念罗得岛抵抗住了德米特里的围困，[23] 公元前 227/6 年毁于地震。

至于绘画和马赛克，我们不得不想象一下公元前 4 世纪的马其顿墓地绘画和罗马房屋的壁画之间的联系。公元前 300 年，佩拉的马赛克描绘了猎鹿狩猎和花卉边缘；来自庞培的亚历山大马赛克是公元前 2 世纪的作品，由公元前 300 年的壁画复制而来，该作品巧妙运用了透视、光影和阴影。公元前 5 世纪和公元前 4 世纪后半期，红花式陶器逐渐落伍，彩陶的装饰趋于简洁，如用有限几何和花卉设计的"西化"风格，以及肩部有装饰的窄颈壶（*lagynoi*）。

第 11 章
罗马征服前

（公元前 272～前 146 年）

希腊与马其顿（公元前 217 年前）

公元前 3 世纪和公元前 2 世纪，有两个城邦同盟在希腊举足轻重，它们不是建立在势力强大、野心勃勃的城邦之上，而是扩张到本地区以外的区域性联邦。埃托里亚人是生活在希腊西北部的人群之一：在修昔底德时代，他们处于未城市化的原始状态，[1]但那时他们却可以进行有组织的高效作战，公元前 367 年，有一个城邦因禁了向埃莱夫西斯式秘派宣布休战的信使，雅典向同盟提出抗议。[2]埃托里亚在希腊化时期仍然有着海盗的名声。公元前 322 年拉米亚战争结束时，[3]准确来说，他们并没有被打败。公元前 3 世纪初，埃托里亚通过以平等公民权为基础的运作，[4]获得了埃托里亚外的同盟成员身份，早期的一个例证就是公元前 280 年温泉关附近特拉基斯的赫拉克利亚。[5]同盟的首席官员由一名将军担任（后来可以连任）；设有一个议事会，执行的职责大于审议，此外还有一个小封闭机构，被称为"内阁"（*apokletoi*）；还有一个集会，每年举行两次常规会议，也可能会更多。公元前 281 年，斯巴达国王阿瑞乌斯高举为德尔斐而战的旗帜入侵埃托里亚，结果被击退，[6] 公元前 279 年，埃托里亚积极反抗高卢侵略者。[7] 此后，它在德尔斐邻邦同盟的议事会上获得两个席位，接下来几年里席位不断增加，并且取代色萨利成为邻邦同盟的主导方。公元前 278 年，皮提亚竞赛增加了拯救德尔斐的感恩祭祀（索特里亚），[8] 后来救世节单独成为四年一度的节庆。

亚该亚位于伯罗奔尼撒半岛的科林斯湾，公元前 5 世纪由 12 个城邦组成同盟，[9] 公元前 4 世纪初北部海湾也加入进来。[10] 公元前 300 年，同盟解散；公元前 281/0 年开始复兴；公元前 251/0 年，阿拉托斯带领邻邦西锡安加入，亚该亚开始对外扩张。[11] 同盟当时有一名将军（始于公元前 255/4 年），离职一年后可再次当选，此外还有十名执政。一开始，同盟每年在埃吉翁召开四次常规审议会和集会，并在其他地方举行额外的"召集"会议（synkletoi）；公元前 217 年后，"召集"会议主要针对特定的大型商业项目，公元前 188 年，常会地点不再固定在埃吉翁。

国王阿瑞乌斯一世在位时（公元前 309 ～前 265 年），斯巴达再次咄咄逼人。公元前 281 年，阿瑞乌斯一世袭击了埃托里亚；[12] 公元前 272 年，他从克里特岛战役归来后，协力击败并最终杀死皮洛斯。[13] 公元前 269/8 年，斯巴达在克里摩尼迪战争中与雅典和托勒密二世结盟，对战安提柯·哥纳塔斯。在托勒密帮助下，克里摩尼迪斯提出雅典法令，要求团结雅典、斯巴达以及（伯罗奔尼撒和克里特的）盟友，同过去一样光荣捍卫希腊自由。这场战争在多大程度上是由托勒密煽动的，我们不得而知，他虽然派遣船舰，但并未实质上推动战斗。马其顿占领科林斯，阻碍雅典与斯巴达的合作；公元前 265 年阿瑞乌斯被杀，公元前 263/2 年雅典投降。这是雅典独立外交政策的最后尝试，之后几年里，哥纳塔斯进一步插手雅典内政。[14] 不久，哥纳塔斯又在科斯岛海战中击败托勒密；在战争期间他还击退皮洛斯之子亚历山大二世的进攻。

战争结束后，我们聚焦伯罗奔尼撒半岛。战争之后，哥纳塔斯控制了科林斯，麦加罗城僭主阿里斯托德墨斯与马其顿交往密切。公元前 251/0 年，阿拉托斯从一众僭主手中解放西锡安，并将其纳入亚该亚同盟；后来还得到了托勒密的支持。大约同时，阿里斯托德墨斯被暗杀，另一个亲马其顿的僭主几年后夺权，与此同时，哥纳塔斯支持阿尔戈斯的新僭主阿里斯托马库斯。哥纳塔斯的侄子亚历山大是科林斯卫城和埃维亚岛驻军的指挥，后来叛变，撤出驻军自立为王，公元前 245 年亚历山大去世，哥纳塔斯重新掌权。而在公元前 243/2 年，阿拉托斯任亚该亚同盟将军，解放科林斯，并先后将科林斯、阿戈里德地区的迈加拉、特洛曾和埃皮达鲁斯纳入同盟。托勒密三世（公元前 246 年继承父位）成为同盟霸主（荣誉"领袖"），而哥纳塔斯和埃托里亚达成协议，如果他们击败亚该亚同盟，就将其分裂。

公元前 3 世纪 50 年代，斯巴达国王阿瑞乌斯之子阿克罗塔都斯死于麦加罗城的一次袭击，公元前 244 年，埃杰斯四世成为共治国王。自公元前 4 世纪以来，斯巴达正统公民数量减少，财富集中在少数家族手中，[15] 为了恢复斯巴达的军事实力（而不是出于平均主义），埃杰斯计划进行社会改革，取消债务，重新分配公民和边民的土地，恢复训练体系和集体膳食。[16] 公元前 243/2 年，监察官莱库古提出议案，遭到国王李奥尼达二世带头反对，议案最后被长老会议否决。莱库古废除李奥尼达二世，代之以女婿克里奥布罗都斯二世。公元前 242/1 年，监察官们重立李奥尼达，但埃杰斯和莱库古合力将他们罢免，李奥尼达出逃。取消债务得到推行，其他改革流产。公元前 241 年，埃托里亚人走科林斯地峡入侵伯罗奔尼撒半岛，阿拉托斯请求盟友斯巴达帮助亚该亚人抵御入侵，埃杰斯应邀带领斯巴达军队在科林斯加入战争。然而，斯巴达改革引起了阿拉托斯的警觉，于是他解散了两支军队。李奥尼达重新登上斯巴达王位，埃杰斯本在神庙避难，后受人引诱离开，最终被处决。埃托里亚人接着来到亚该亚城邦佩勒内，在这里被阿拉托斯击败；他们还攻打了伯罗奔尼撒的其他地方。公元前 241/0 年，亚该亚先后与哥纳塔斯和埃托里亚讲和，不过阿拉托斯后来袭击了阿尔戈斯和雅典。公元前 240/39 年，哥纳塔斯去世，曾任共摄政王的儿子德米特里二世继位：马其顿历经长期动荡，暂时稳定下来。

　　同盟随后也出现变动，埃托里亚与亚该亚结盟，德米特里支持伊庇鲁斯反抗埃托里亚人。亚该亚与埃托里亚继续攻打雅典和阿尔戈斯，亚该亚甚至将权力触手伸到了阿卡迪亚，直到公元前 235 年现任麦加罗城僭主莱迪阿得斯辞去职务，麦加罗城才加入亚该亚同盟；但由于麦加罗城反对斯巴达，造成了一些破坏性影响。德米特里入侵并占领原先与埃托里亚结盟的维奥蒂亚及其周边地区；然而公元前 234/3 年发生了数起死亡事件，伊庇鲁斯的家族统治因此终结，变为联邦共和国。伊庇鲁斯这时与伊利里亚人达成了协议。公元前 229 年，伊利里亚人击败亚该亚和埃托里亚的舰队，把它们赶出克基拉以南的帕克西群岛，自己以此为据点攻打其他区域。他们在此期间袭击意大利商人，好像还杀死了一支罗马代表团，因此，罗马首次冒险跨过亚得里亚海，[17] 发动第一次伊利里亚战争。

公元前 229 年初，德米特里在马其顿北部对战达达尼亚人时去世，他的儿子腓力五世年幼，堂兄安提柯担任摄政王，很快篡位，但安提柯继续攻打达达尼亚人，又不得不去镇压埃托里亚煽动的色萨利叛乱。偏南的维奥蒂亚背叛马其顿，投靠亚该亚和埃托里亚；雅典在阿拉托斯帮助下买断马其顿驻军，保持中立没有加入亚该亚同盟，与托勒密三世交好。[18]

在伯罗奔尼撒，阿尔戈斯的僭主阿里斯托马库斯及其周边城邦的僭主们辞去他们的职位，这些城邦加入亚该亚同盟，但同时也带来了他们的反斯巴达倾向。公元前 235 年，李奥尼达斯之后的斯巴达国王克莱奥美奈斯三世与阿卡迪亚的亚该亚人发生冲突，公元前 229/8 年，亚该亚向斯巴达宣战。公元前 227 年，克莱奥美奈斯吕克昂山取胜，但阿拉托斯占领了曼提尼亚。在城邦内，克莱奥美奈斯打压监察官，攫取权力，推行埃杰斯的改革计划，引入马其顿步兵方阵，[19] 削弱长老会，废除监察官，违反斯巴达双王须来自不同皇族的规定，立自己的兄弟埃乌克里达斯为王。克莱奥美奈斯一路凯歌，亚该亚人不得不投靠安提柯·多森。亚该亚人在公元前 225 年的阿尔戈斯会议上提出要求，被克莱奥美奈斯拒绝，亚该亚同盟陷入派系分裂，克莱奥美奈斯首先入侵亚该亚的佩勒内等地，接着占领阿尔戈斯、科林斯等城邦。公元前 224 年，多森向南进军，阿拉托斯同意交出在科林斯卫城的堡垒。虽然克莱奥美奈斯在科林斯附近占据了地利，却遭到阿尔戈斯背叛，最终被赶回了斯巴达。克莱奥美奈斯求助托勒密三世，甚至向希洛人兜售自由换取钱财雇佣军队，而多森与亚该亚一起组建大联盟（不是单个城邦，而是同盟之间结盟），以对抗斯巴达和埃托里亚。公元前 223 年，克莱奥美奈斯攻克麦加罗城，并将其摧毁，然而公元前 222 年在拉科尼亚北的塞拉西亚战败，随后逃去埃及（公元前 219 年死在这里）。克莱奥美奈斯的改革被叫停（至少在政治领域），多森任命了一名监察官。

多森自己不得不回国击退伊利里亚的进攻；多森于公元前 221 年离世，德米特里二世之子腓力五世继位，腓力五世年仅 17 岁，一群"朋友"在旁监护。新的统治随着同盟战争（多森的大同盟的内部战争）一起开始。埃托里亚不断骚扰伊庇鲁斯和希腊，在基西拉岛附近抢走一艘马其顿军舰，攻打阿拉托斯带领的亚该亚军队，屠杀阿卡迪亚的谷奈塔居民。公元前 220 年，同盟终于向埃托里亚宣战，宣称要解放埃托里亚控制下的德尔斐；然而斯巴达等伯罗奔尼撒城邦支持埃托里亚。公元前 219 年，盟军攻打伯罗奔尼撒；腓力进军希腊西北部，冬季在伯罗奔尼撒半岛取胜。公元前 218 年，双方达成协议，亚该亚赔付腓力在伯罗奔尼撒的战争花费（腓力可以用这笔钱复兴马其顿海军，反对此事的顾问也因此被腓力辞退）。公元前 217 年传来消息，迦太基将领汉尼拔在意大利特拉西梅诺湖击败罗马：腓力趁机将注意力转向伊利里亚。在纳夫帕克托斯的会议上，埃托里亚人阿格劳斯警告道：希腊应该在"西方的云"压来前化解分歧，[20] 于是希腊在现状不变的前提下达成休战，此时腓力的势力比战争初期更加强大。自此以后，希腊和马其顿的历史开始与罗马的发展密切联系了起来。[21]

雅 典

克里摩尼迪战争是雅典和斯巴达最后一次带领希腊人迎战外敌。[22] 斯巴达在公元前 3 世纪后开始巩固自己的地位，而对雅典而言，这次战败是一个转折点，雅典不再追求希腊事务的主导者角色。战争一结束，雅典就受到马其顿的直接干预：马其顿不仅在缪斯山及阿提卡等地驻军，而且"废除办事机构，所有的审议由一人主导"（2 世纪作家阿波罗多洛斯的说法）。[23] 这里有所夸张，雅典宪法本质仍是民主，但有铭文显示安提柯·哥纳塔斯任命了一位将军，公民大会赋予了他特权，法勒鲁姆的德米特里同名孙子德米特里可能出任哥纳塔斯的代理人，封号"立法者"（*thesmothetes*）。[24] 公元前 256/5 年或公元前 255/4 年，哥纳塔斯"赋予雅典人自由"，撤回缪斯山的驻军（但不包括其他驻军），大概也结束了他的内部任命。[25] 尽管雅典不再拥有自己的外交政策，但还是被卷入哥纳塔斯和德米特里二世的战争，阿提卡也不时发生战争。[26]

公元前 229 年，安提柯·多森在德米特里故后把重心放在北方，雅典借此机会收买马其顿驻军。西锡安的阿拉托斯之前怀有敌意，此时却伸出援手，波利比奥斯表示亚该亚人对雅典不满，因为雅典没有加入亚该亚同盟，而是采取中立政策，与托勒密三世保持友好关系。同盟领导人是欧提基德斯和米西翁兄弟，他们在哥纳塔斯和德米特里时代已经担任要职：欧提基德斯一直活到近公元前 3 世纪末，公元前 215 年颁布法令嘉奖他在解放之前、期间及之后的成就。[27] 一开始并没有全盘推翻安提柯的政策，公元前 224/3 年，设立托勒密节，组建托勒梅斯这一新部落，但安提戈涅斯和德摩特里亚斯仍然存在。公元前 218 年，廷臣麦加勒阿斯失宠于腓力五世，在雅典寻求庇护，却遭到将军们的拒绝。

　　雅典没有卷入公元前 214～前 206 年的第一次马其顿战争：[28] 李维认为雅典是战争末期《腓尼基和约》参与方之一，但这只是为了证明罗马参加了公元前 200～前 196 年第二次马其顿战争而虚构出来的。[29] 公元前 201 年，雅典处决了两名不信教却参加埃莱夫西斯秘仪的阿卡纳尼亚人；阿卡纳尼亚在腓力帮助下突袭阿提卡。公元前 200 年，雅典对马其顿宣战，废除了两个马其顿部落，并决定在公共文件中抹去所有安提柯相关信息（发现了大量抹去的痕迹，[30] 还有一些疏漏的文件）。佩加蒙的阿塔路斯一世与罗得岛对战腓力，邀请雅典加入：雅典不仅同意，还建立新部落阿塔利斯。当雅典派代表团来到时，罗马已经决定对腓力发动第二次马其顿战争，而现在却以攻打雅典为借口。

　　战后，雅典的亲罗马政策坚持不变，大概在公元前 192～前 188 年战争期间，成为罗马正式的盟友。雅典和色萨利在战后带头重建德尔斐式邻邦同盟。[31] 雅典在公元前 171～前 167 年第三次马其顿战争期间依然忠于罗马，反对珀尔修斯，之后分得罗马公元前 5 和公元前 4 世纪时拥有的爱琴岛北部岛屿利姆诺斯岛、伊姆罗兹岛和司奇洛斯岛作为嘉奖，[32] 提洛岛成为免税港口（这里的公民到亚该亚避难，而雅典殖民者取而代之），维奥蒂亚中部的哈利阿图斯局势更为怪异。佩加蒙的亚太利是与雅典关系最密切的亚洲统治者，他在雅典卫城和市集树立柱廊，作为回馈，雅典卫城也有他的塑像。公元前 2 世纪 50 年代，雅典人试图吞并奥罗帕斯（位于雅典与维奥蒂亚之间，当时还是独立城邦）时，麻烦出现了：[33] 雅典最终占领了奥罗帕斯，驱逐了当地居民，由于亚该亚同盟威胁要攻打这里，雅典被迫撤出。

埃及与亚洲

公元前 283 年，托勒密二世在埃及接任托勒密一世，公元前 281 年安条克一世在近东接任塞琉古一世：每一位都是指定继承人，即任毫无困难。[34] 从一开始，托勒密在埃及高枕无忧，认为昔兰尼、塞浦路斯和南部的叙利亚（科勒叙利亚，"空叙利亚"）对于防范可能的袭击至关重要，[35] 塞琉古位于近东地区，远离地中海，比较安全；但是叙利亚和小亚细亚的地中海沿岸还存在争端；托勒密觊觎希腊；马其顿的安提柯垂涎小亚细亚，利西马科斯控制了小亚细亚大部分地区，直到公元前 281 年初塞琉古将他杀死在库鲁佩迪安。

库鲁佩迪安事件之后，安条克和安提柯·哥纳塔斯都试图在小亚细亚站稳脚跟，而托勒密二世在此也有一些利益。北海岸比提尼亚的统治者芝普特斯两方都不投靠；他不久就离世了，下一任也是最后一任统治者尼科梅德斯一世与哥纳塔斯结盟。公元前278 年，哥纳塔斯与安条克达成和解，安条克留下接管小亚细亚，但是在公元前 277 年，尼科梅德斯招募了一群入侵的高卢人为雇佣兵，攻打他的兄弟（另一个芝普特斯），后来高卢人宣布独立，在小亚细亚四处劫掠。安条克借此机会宣扬希腊文明，反对野蛮人，约公元前 270 年，他在著名的"大象之战"中取得胜利，高卢人最终定居小亚细亚中部的加拉太。

利西马科斯控制了小亚细亚西部，通过在萨迪斯北部的佩加蒙堡垒扶植当地的腓勒塔埃鲁斯；结果两人闹翻了，公元前 283/2 年，利西马科斯之子阿加索克利斯遇害，腓勒塔埃鲁斯转而效忠塞琉古，塞琉古死后他又投靠安条克。腓勒塔埃鲁斯逐渐获得独立地位，却一直没有称王，他的继任者，即现在所指的攸美尼斯一世（公元前 263 ～前 241 年），也延续了这一倾向。

塞琉古和托勒密之间冲突不断，爆发了数起战争。第一次叙利亚战争期间（公元前 274 ～前 271 年），托勒密二世的同父异母兄弟玛迦斯统治昔兰尼，娶了安条克的女儿为妻，先是企图反对托勒密，失败后又煽动安条克攻打托勒密。结果一无所得，反而帮助了托勒密。公元前 261 年，安条克之子塞琉古谋划叛乱，小儿子安条克二世继位，第二次叙利亚战争爆发（公元前 260 ～前253 年），一边托勒密丢失阵地，一边安条克在小亚细亚攻城略地（自己娶了托勒密的女儿，姐妹嫁给哥纳塔斯之子德米特里）。公元前 246 年，托勒密二世与安条克二世先后去世：托勒密三世（娶玛迦斯的女儿为妻）子承父位；据说安条克临终时指定儿子塞琉古二世继位，而安条克的托勒密妻子代表她的儿子极力反对塞琉古二世，于是托勒密三世入侵叙利亚支持塞琉古，发动了第三次叙利亚战争（公元前 246~前 241 年），成功杀入叙利亚北部沿海。[36]那时候王后和王子已经被人谋杀，不过托勒密将此事隐瞒了下来。托勒密接着往东来到幼发拉底河，声称征服了整个塞琉古帝国，[37]但不得不（满载战利品）踏上返程，镇压埃及起义。塞琉古收复了叙利亚和东部，而托勒密获得了皮埃里亚的叙利亚海港小镇斯罗和小亚细亚的财物。

塞琉古为了专心对战叙利亚，任命兄弟安提欧克斯·伊厄拉斯代为管理小亚细亚，但伊厄拉斯后来征募加拉太的雇佣兵，发动兄弟战争对抗塞琉古，公元前 240 年或公元前 239 年在安卡拉附近打败了塞琉古。公元前 241 年，攸美尼斯的养子、侄子阿塔路斯一世在佩加蒙继位：他虽然遭到伊厄拉斯带领加拉太人袭击，但还是赢得几次胜利，控制了小亚细亚的塞琉古王国，打破惯例开始称王。[38]伊厄拉斯最后逃往色雷斯被杀。公元前 227 年，安提柯·多森向卡里亚发起海上远征，直指小亚细亚。罗得岛也从小亚细亚动乱中受益，罗得岛是往来贸易的中枢，与托勒密关系良好，有自己的庞大海军。公元前 227/6 年罗得岛发生了一场重大地震（赫利俄斯巨像被毁），[39]继而许多统治者及城邦伸出援手。公元前 220 年，罗得岛受到来自其他城邦的压力，带头攻打对黑海贸易征收通行费的拜占庭。

公元前 226/5 年，塞琉古二世去世，长子塞琉古三世（公元前 226/5～前 223 年）和小儿子安条克三世（公元前 223～前 187 年）先后统治了一段时期。托勒密三世之子托勒密四世（公元前 221～前 204 年）继位，他对执政不感兴趣，在位期间由朝臣索西比乌斯和阿加索克利斯掌管国事。第四次叙利亚战争（公元前 221 年～前 217 年）期间，安条克占领皮埃里亚的斯罗，穿过叙利亚海岸向南进军，公元前 217 年，在犹地亚南部的拉菲亚战败，[40] 叙利亚南部仍属于托勒密。与此同时，安条克的族人阿卡埃乌斯受命从阿塔路斯手中夺回小亚细亚的塞琉古领地。阿塔路斯虽然得到了托勒密支援，但还是很快败退，阿卡埃乌斯于公元前 220 年称王；公元前 218 年，阿塔路斯收复了部分失地，公元前 216～前 214 年，安条克与阿塔路斯达成协议，随后攻打阿卡埃乌斯，攻下了萨迪斯，并把他就地处决了。后来宙克西斯代表安条克占领萨迪斯的领土。安条克王朝统治初，其副手摩隆在东方叛变，公元前 220 年被镇压。帕提亚和巴克特利亚（均位于里海东）的独立王国在东部崭露头角，公元前 212～前 205 年，安条克攻打东部，帕提亚人正式投降，巴克特利亚被围攻两年后也步其后尘，正式俯首称臣。公元前 204 年，托勒密四世去世，留下六岁的儿子托勒密五世继位，安条克回到小亚细亚，并有所作为。他借此机会在第五次叙利亚战争（公元前 201 年至公元前 199 年）为塞琉古王朝拿下南叙利亚，托勒密则失去了爱琴海和小亚细亚的领地。

阿塔路斯加入第二次马其顿战争，支持罗马，[41] 公元前 198 年他在希腊时，安条克的指挥官宙克西斯开始袭击佩加蒙。公元前 197 年，阿塔路斯去世，儿子攸美尼斯二世继任；安条克来到小亚细亚，继续攻城略地，公元前 196 年越过赫勒斯滂海峡来到刻尔尼苏斯。在马其顿战争的尾声，罗马人最初的口号是为欧洲和小亚细亚的希腊人争取自由，但安条克坚称罗马人无权干涉他的事务。罗马在攸美尼斯劝说下立场不变，而安条克因为儿子的死亡也不愿退让，公元前 195 年，他为逃难的迦太基人汉尼拔提供庇护（汉尼拔后来投奔比提尼亚的普鲁西亚斯一世，最终自杀）。公元前 190 年，罗马士兵进入小亚细亚，同年年底，在马格尼西附近的西皮洛斯击败安条克大军，公元前 188 年，签订《阿帕米亚和约》，安条克不得不放弃除东南沿海外的所有小亚细亚领地，并支付大额赔款。佩加蒙占据北部地区，罗得岛拥有南部地区，与罗马关系良好的城邦得到了自由。安条克财政亏空，打算没收王国东部庙宇的财产，公元前 187 年在苏萨被私刑处死；他的儿子塞琉古四世的统治延续到公元前 175 年。攸美尼斯适时拓展权力，大规模重建佩加蒙城邦；[42] 罗得岛遭到卡里亚东部吕西亚的极力反抗。

然而，后来由于罗得岛在第三次马其顿战争时没有支持罗马攻打珀尔修斯，公元前 164 年的条约使罗得岛失去了吕西亚和卡里亚。提洛岛自公元前 314 年独立，[43] 公元前 166 年被罗马送还雅典，成为免税港口，取代罗得岛成为爱琴海南部的主要贸易中心。攸美尼斯与罗马关系冷淡下来；他在亚洲攻打加拉太人，最终获胜，罗马却规定他们不属佩加蒙，拥有自治地位。公元前 159/8 年，攸美尼斯去世，兄弟阿塔路斯二世继位。公元前 156~前 154

年，比提尼亚的普鲁西亚斯二世袭击佩加蒙，罗马却支持佩加蒙，并向普鲁西亚斯二世索取赔款。

在埃及，托勒密五世统治初期的叛乱最终平息；罗塞塔石碑（大英博物馆）就是公元前 196 年托勒密五世加冕文书的复制品，[44] 托勒密五世公元前 194/3 年娶安条克三世的女儿克利奥帕特拉为妻。公元前 180 年，托勒密五世去世，托勒密六世即位，试图在第六次叙利亚战争期间（公元前 170 ~ 前 168 年）收复南叙利亚。公元前 175 年，安条克四世接任兄弟塞琉古四世：他是一位兴邦之主，号称"上帝显灵"（但对手将他称为"疯子"）。作为对托勒密王朝的回应，安条克占领塞浦路斯，入侵埃及，围攻亚历山大港，后来罗马人波皮利乌斯·拉恩纳斯制止了他——拉恩纳斯在他周围的地面上画了一个圈，要求在离开之前必先做出回应。[45]

包括犹地亚在内的南叙利亚落入了安条克之手。安条克三世一接替托勒密，就立即允许犹太人遵循他们的传统法律[46]，并任命了大祭司，犹太人对此争执不休，一派渴望接纳希腊文化，一派将这视为本邦宗教的威胁。公元前 174 年，任大祭司的本是传统主义者阿尼亚，但他的兄弟伊阿宋贿赂安条克四世，并承诺，如若自己当上大祭司，就会将耶路撒冷变为希腊城邦安提俄克。公元前 171 年，墨涅拉俄斯开出比伊阿宋更好的条件，当时安条克在埃及作战，他将此视为叛乱，公元前 168 年驻军耶路撒冷，将崇拜耶和华改为崇拜希腊诸神，极度虔诚者大力反对，哈斯蒙尼家族的犹大·马加比带头抗议，开始进行游击战。公元前 164 年，安条克去世，幼子安条克五世继位；公元前 163 年犹太人恢复了传统自由。驻军没有撤离，犹太人内部长期不和；然而，公元前142 年驻军投降，犹地亚成为哈斯蒙尼家族统治的独立城邦。

东方的巴克特利亚人现在完全独立，帕提亚人逐渐壮大。[47]公元前 165 年，安条克四世打算在东方再树权威：这个愿望在亚美尼亚实现了，但他还没来得及攻打帕提亚，就去世了（公元前164 年）；塞琉古王朝开始瓦解。安条克四世的兄弟、塞琉古四世之子德米特里企图推翻安条克五世，他认为自己若不是多年在罗马做人质，早就该继承塞琉古王位。德米特里没有得到罗马的支持，公元前 162 年潜逃，占领叙利亚北部称王，杀死安条克五世及其卫士；他又趁比提尼亚的普鲁西亚斯二世攻打佩加蒙之际，插手卡帕多西亚（小亚细亚东），结果被罗马人逼退。随后德米特里与托勒密六世不和，公元前 153 年托勒密六世联合阿塔路斯二世和卡帕多西亚国王支持其对手亚历山大·巴拉斯（自称是安条克四世之子）。罗马也支持巴拉斯，公元前 150 年，德米特里在安提俄克附近战死，巴拉斯继位。公元前 145 年，巴拉斯在安提俄克附近被托勒密击败，不久被人谋杀，统治结束。德米特里同名的儿子即位，不久托勒密也战死沙场。新王先是与兄弟共治，后来发生冲突，共治的兄弟继位为托勒密八世（他的儿子按惯例称为托勒密七世，但可能从未真正登基）。在公元前的最后一个世纪里，行政机构虽然还在运行，王朝却因家族纷争四分五裂。

罗马征服

罗马在公元前 275 年最终打败皮洛斯，公元前 272 年征服他林敦，（要么通过同盟，要么直接）控制了整个意大利半岛。[48] 公元前 276 年皮洛斯放弃西西里，[49] 亥厄隆二世担任叙拉古将军，随后夺权（亥厄隆二世自称是公元前 5 世纪革隆的后裔，革隆的妻子菲里丝蒂斯可能是狄奥尼修斯一世及其支持者菲利斯图斯亲属）[50]。公元前 265 年，亥厄隆击败占领墨西拿的马麦丁人，登基称王，与迦太基人一起围攻马麦丁城邦；而马麦丁人允许迦太基在此驻军，他于是撤出。然而，公元前 264 年，墨西拿转为效忠罗马，驱逐驻军，罗马发动第一次布匿战争攻打迦太基（公元前 264～前 241 年）。亥厄隆起初支持迦太基，但在公元前 263 年罗马围攻叙拉古时与后者达成协议，亥厄隆去世前（公元前 215 年）王国基本安全，与迦太基（战后）、东部的罗得岛和托勒密关系良好。罗马为备战组建了一支海军，最终打败迦太基，西西里脱离亥厄隆的王国，成为罗马的第一个海外行省，由执政官管理。亥厄隆之子革隆先亡，公元前 215 年（第二次布匿战争期间）孙子海罗尼穆斯继位，却逐渐失去民心；公元前 213 年至公元前 212 年，罗马和迦太基争夺叙拉古，所以这段时期极为混乱，罗马包围叙拉古，最终将这里洗劫一空。迦太基支持的阿克拉加斯于公元前 210 年被捕；公元前 204～前 202 年，P. 科尔内利乌斯·西庇阿从西西里出发，在非洲击败汉尼拔。

伊利里亚人居住在伊庇鲁斯北部，时不时骚扰伊庇鲁斯，他们吸引罗马人向东横过亚得里亚海。阿格隆在位时以及他死后妻子托伊塔统治时，伊利里亚人精力充沛，多次突袭南方，占据伊庇鲁斯的腓尼基城邦，公元前 229 年他们还将亚该亚人和埃托里亚人赶出帕克西岛，自己占领克基拉。[51]伊利里亚人围攻腓尼基和（或）岛城伊萨（更北，公元前4世纪生活着叙拉古移民），这里的意大利商人向罗马提起上诉；一名罗马代表团成员前去抗议，却惨遭杀害。罗马派遣当年的两名执政官率领大军加入第一次伊利里亚战争，城邦纷纷向罗马正式投降；公元前228年，罗马向埃托里亚和亚该亚同盟以及参加伊斯米亚竞赛的希腊人提出和解。法罗斯的德米特里曾经将科西拉出卖给罗马，现在成了伊利里亚摄政王，公元前222年德米特为安提柯·多森的同盟在塞拉西亚击败斯巴达国王克莱奥美奈斯作出了重要贡献。[52]公元前221年，德米特里与另一位伊利里亚人司凯尔狄莱达斯一同突袭伯罗奔尼撒和爱琴海，违反了公元前229年罗马条约特别规定，在公元前219年第二次伊利里亚战争中，罗马向双方派出执政官，他们驱逐了德米特里，德米特里逃去了马其顿，得到腓力五世重用。

公元前220~前217年，腓力加入对埃托里亚的同盟战争，听取法罗斯的德米特里建议在亚得里亚海建立海军势力，[53]罗马发动第二次布匿战争（公元前218~前202年），汉尼拔带领迦太基人入侵意大利。公元前217年，汉尼拔在特拉西梅诺湖击败罗马，在伊利里亚对战司凯尔狄莱达斯，整个同盟战争期间都没有侵扰腓力。汉尼拔一路凯歌高奏，腓力开始向他示好，公元前215年，罗马人截获一艘迦太基船舰，船舰上带着一份条约草案，该条约旨在联合腓力反对罗马，解放在罗马保护下的亚得里亚海各地，[54]由此引发了第一次马其顿战争（公元前214~前205年）。腓力先是派船只进入亚得里亚海，却被罗马重型船舰捕获，全军覆没；

接着他又在与司凯尔狄莱达斯的陆战中取胜。公元前 212 年，罗马与埃托里亚建交，[55] 导致同盟战争再次爆发，罗马和佩加蒙的阿塔路斯支持埃托里亚，反对腓力盟军。亚该亚同盟内部，阿拉托斯于公元前 213 年去世；斯巴达动乱不断，加入了埃托里亚；麦西尼分裂，遭到马其顿两次侵扰（其中一次杀死了法罗斯的德米特里），最终加入埃托里亚阵营。埃托里亚虽然在战争中得到了一些好处，但攻占阿卡纳尼亚的主要目标仍然没有实现；公元前 210 年，罗马人夺取埃伊纳岛，卖给阿塔路斯。经过中立国家的多次调解，埃托里亚和罗马解除同盟关系，并在公元前 206 年与腓力讲和；公元前 205 年，罗马与腓力在伊庇鲁斯的腓尼基达成和解。从长远来看，最重要的是将双方盟友都"写入"条约：腓力阵营有亚该亚人、希腊中部的盟友以及姻亲小亚细亚的比提尼亚普鲁西亚斯一世（没有参战）；罗马阵营有斯巴达、伯罗奔尼撒半岛的埃托里亚等盟友以及阿塔路斯。[56]

这一时期斯巴达史上在位的最后一个重要人物是纳比斯，他是公元前 6 世纪末公元前 5 世初的国王德玛拉图斯的后代。[57] 名为莱库古的国王驱逐了双王中的另一位，独揽大权；他于公元前 210 年去世，幼子佩洛普斯继位，曼奇尼达斯担任摄政王；公元前 206 年，亚该亚人击败曼奇尼达斯，并将他杀死，纳比斯夺位，成为斯巴达国王。[58] 他继续推行埃杰斯和克莱奥美奈斯的改革，[59] 放逐富人，重新分配他们的财产，解放了除希洛人外的大部分奴隶，招募雇佣军。

《腓尼基和约》签订后，罗得岛转而打击爱琴海的海盗，导致了与克里特人的冲突，克里特人受到腓力和纳比斯的支持。安条克三世在准备对托勒密五世的第五次叙利亚战争时，与腓力就爱琴海内外的托勒密领地达成协议；公元前 201 年，他攻打佩加蒙，虽然没有拿下佩加蒙，但却取得了托勒密领地的胜利。同年年底，罗得岛和阿塔路斯向罗马求援；罗马人在腓力支持汉尼拔后就一直拉拢他，想要争取反腓力的希腊人支持：他们立即向腓力发出了最后通牒，公元前 200 年，第二次马其顿战争正式开始。埃托里亚最初不支持罗马，不久改旗易帜；腓力疏远亚该亚人，亚该亚人先是拒绝支持他，又在公元前 198 年加入罗马阵营；腓力将阿尔戈斯让给纳比斯，条件是如果腓力赢得这场战争，阿尔戈斯将如数归还，结果纳比斯在进入阿尔戈斯后引发了革命，纳比斯也加入了罗马。战场主要集中在希腊中部和北部。执政官 T. 昆克蒂乌斯·弗拉米宁打算从腓力手中彻底解放希腊人，公元前 198 年温泉关附近的尼西亚会谈上，他正式要求腓力放弃作为"希腊枷锁"的三个堡垒——德米特里（在色萨利）、哈尔基斯和科林斯卫城。此事提交给罗马元老院后得到许可。弗拉米宁的要求被迫延长，公元前 197 年，他在色萨利的基诺斯山以绝对优势击败腓力。

罗马派出了十名特使帮助弗拉米宁建立殖民地，公元前 196 年的伊斯米亚运动会上，弗拉米宁代表自己及参议院宣布，希腊人均自由独立（指望从腓力战败中获益的埃托里亚人对此愤愤然）。[60] 新的色萨利同盟建立起来；公元前 195 年，弗拉米宁在伯罗奔尼撒听取亚该亚人建议从纳比斯手中解放阿尔戈斯，将其重新纳入亚该亚同盟；在亚洲，安条克强调罗马人无权干涉他的事务。[61] 此后，条约引起的和城邦间的地方问题一般交由罗马决断。

不满的埃托里亚人与纳比斯、腓力和安条克进行沟通。纳比斯试图重新夺回斯巴达在基赛阿姆的港口（弗拉米宁委托给了亚该亚），亚该亚的领导者之一斐洛波门极力抵抗；公元前 192 年，埃托里亚人杀死纳比斯，踏平斯巴达，此后斐洛波门再次将斯巴达纳入亚该亚同盟。在北方，埃托里亚人俘虏了德米特里，说服安条克前来支持他们，导致希腊战火再燃，公元前 191 年，罗马人在温泉关击败安条克，公元前 188 年埃托里亚投降；他们对德尔斐的统治终结，旧形式的邻邦同盟得以重建。腓力试图侵占色萨利和色雷斯未果。在伯罗奔尼撒，亚该亚将麦西尼与斯巴达纳入同盟的行为引起抗议；立场强硬的有斐洛波门和波利比奥斯之父吕克尔塔斯，公元前 182 年，斐洛波门在打击麦西尼的战役中身亡，麦西尼和斯巴达最终仍加入了同盟。

腓力于公元前 179 年去世，尽管小儿子德米特里在罗马有较好声望，但王位仍由他的指定继承人、长子珀尔修斯继任。佩加蒙的攸美尼斯二世唆使罗马发动对珀尔修斯的第三次马其顿战争（公元前 171～前 167 年），公元前 168 年珀尔修斯在皮德纳战败。罗马提出了非常激进的条款：废除马其顿的君主制，并将马其顿分裂为四个共和国，简单地用数字标明（曾支持珀尔修斯的伊利里亚被分割为三个共和国）。在希腊，罗马友人受邀指认罗马的敌人，许多人被带到意大利作人质，其中有历史学家波利比奥斯。

马其顿发生几起动乱，公元前 150 年暴乱达到高潮，自称珀尔修斯之子的安德里斯库斯在色雷斯组建军队入侵马其顿。四个共和国节节败退；第四次马其顿战争中，安德里斯库斯在公元前149年击败第一支罗马军队，但是却在公元前148年败给Q.凯西里乌斯·米泰鲁斯，成为俘虏。公元前150年，元老院最终释放罗马幸存的亚该亚人质回国。斯巴达想要再次退出亚该亚同盟。公元前147年罗马宣言表示斯巴达和其他一些城市可以脱离同盟，亚该亚对此愤愤不平，准备对斯巴达开战；然而公元前146年，罗马宣战，亚该亚人先后被米泰鲁斯和L.穆米乌斯击败。科林斯随后被毁；马其顿成为罗马行省；"亚该亚"没有被正式吞并，而是成为该行省的附庸，随着同盟节节败退，被大幅削弱的反叛城邦获得了实际上的自由。

公元前146年，罗马终于夷平迦太基，在地中海西面再无敌手，现在直接掌管马其顿和希腊。埃及和亚洲王国仍然拥有自由地位，却时常遭到罗马侵扰。罗马越来越希望亚洲这些地方能够遵从自己的意志，一个多世纪以后，罗马的直接控制也延伸到了这里。

第12章
尾　声

　　公元前155年，后来的托勒密八世正在昔兰尼执政，而他的哥哥托勒密六世统治埃及，为了阻止暗杀者，托勒密八世立下遗嘱：如果他死时没有继承人，就将王国留给罗马。[1]遗嘱虽然没有生效，却为佩加蒙的阿塔路斯三世提供了范例，他在公元前133年去世时也将王国赠予了罗马。罗马镇压阿里斯托尼库斯索起义后，阿塔路斯王国成为其亚洲行省，佩加蒙则是自由城邦。

　　罗马人面临的最后一次重大挑战来自本都的国王米特拉达梯六世（公元前120～前63年），本都位于小亚细亚东北部。罗马发动第一次米特拉达梯战争时（公元前89～前85年），米特拉达梯六世下令屠杀亚洲行省的罗马人和意大利人；他得到了雅典的支持；后来被雅典包围，米特拉达梯战败，罗马统帅L.科尔内利乌斯·苏拉允准他在本都留得一命。第三次米特拉达梯战争（公元前73～前63年），他最终被庞培大帝击败，自杀身亡（据说毒药对他无用，不得不请保镖"帮助"）。塞琉古王朝的两位继承者没有得到庞培的认可，也走向了灭亡，小亚细亚东和黎凡特行省与分封王国混杂。耶路撒冷被占领，犹地亚规模缩减，在哈斯蒙尼家族大祭司管理下得以继续存在。在远东，自公元前 2 世纪 20 年代以来，帕提亚稳稳控制了美索不达米亚及其外部行省；在黑海和美索不达米亚之间的亚美尼亚的提格兰二世（公元前 95～前 56 年）权势浩大，野心勃勃。庞培将提格兰立为臣属统治者，实际上让帕提亚人控制了美索不达米亚，只不过他不承认他们的国王是"王上王"。此后很长一段时间里，罗马的东部政策主要针对亚美尼亚和帕提亚。

公元前 101 年之前，三个满怀积怨的托勒密王朝成员分别统治了埃及、昔兰尼和塞浦路斯。[2] 公元前 96 年，昔兰尼最后一位统治者去世，将这里遗赠给了罗马，公元前 75/4 年昔兰尼改建为罗马行省。公元前 58 年，塞浦路斯被吞并，统治者自杀。公元前 80 年，苏拉在埃及扶植托勒密十一世（托勒密一世最后一位合法后裔），条件是其死后将王国遗赠给罗马，他一登位就谋杀了被迫迎娶的妻子，之后自己也被私刑处死。罗马没有让遗赠即刻生效，而是扶植托勒密十二世为王（绰号"吹笛者"，他的兄弟是塞浦路斯最后一位统治者）。公元前 51 年托勒密十二世去世，其女克利奥帕特拉七世继位。公元前 48/7 年，克利奥帕特拉七世先是得到尤利乌斯·恺撒的青睐，为他生下了一个儿子；然后在公元前 41 年前后，她又俘获了屋大维的对手安东尼的欢心，并为其生下了三个孩子；公元前 30 年，屋大维打败了安东尼，她也跟着自杀，埃及最终成为罗马皇帝的特殊财产。公元前 27 年，亚该亚成为罗马行省。

米特拉达梯留给希腊人最后一次机会来选择是否投靠罗马，但在罗马内战爆发期间，希腊不得不在多位夺权者中做出选择，因此卷入争斗。公元前 48 年，恺撒在色萨利的法萨卢斯击败庞培；公元前 42 年，恺撒被 M.尤尼乌斯·布鲁图斯和 C.卡西乌斯·隆吉努斯刺杀，屋大维和安东尼在色雷斯将二人捕获；公元前 31 年，屋大维在希腊西北部安布拉基亚湾入口处的亚克兴击败安东尼。此后，除了罗马及其皇帝，希腊城邦再无选择，也再无任何"外交"政策。它们继续作为自治城邦，享有不同的正式地位和不同程度的尊严，但没有实权，虽然希腊城邦很少主动要求干预，但多数情况下罗马官员坚持频繁的干预。

然而，就像罗马诗人贺拉斯描述的那样，"被俘的希腊反而征服了它那野蛮的征服者，并将艺术带到了粗俗的拉丁姆"。[3] 希腊语仍是罗马帝国东部的通用语。罗马上流社会的人学习希腊语，罗马的宗教（罗马神祇类似希腊）、文学、哲学、建筑和视觉艺术都是在希腊基础上建立起来的。罗马人甚至将自己的起源与希腊传说联系起来，自称先驱埃涅阿斯在希腊人攻破特洛伊后逃来这里创建罗马。1 世纪的尼禄和 2 世纪的哈德良尤其热衷希腊（尤为典型的就是哈德良模仿希腊人留胡须，这在罗马很少见）。1 世纪末到 3 世纪初，希腊自豪感和希腊文化广泛复兴，这次运动的典型代表就是修辞学的繁荣发展，即第二次智者浪潮。

公元 293 年，皇帝戴克里先在罗马帝国构建新机制，有两个较高级别的奥古斯都和两个较低级别的恺撒来统率，开始了将国家分为东西两半的进程。君士坦丁后来重新统一帝国，但他在 324

年将拜占庭改建为君士坦丁堡，他统治的最后几年就在这里。4世纪末，帝国东西差别日渐凸显。5世纪，西罗马帝国落入北方侵略者之手（标志是410年罗马的陷落及476年西罗马帝国的最后一位国王退位），东罗马帝国又延续了约一千年直到1453年奥斯曼土耳其人攻陷君士坦丁堡才最终灭亡。东罗马帝国的逃难僧侣对西欧的希腊文化注入了全新血液，使得西欧文化相较希腊化更为罗马化。16世纪和17世纪，奥斯曼人挺进欧洲东南，直抵维也纳，但他们两次都未能占领此处，随后开始撤退。

西欧人为了欧洲和信仰急于拯救希腊，支持希腊独立战争（1821～1830年），战后最终建立了作为国家的希腊（大陆南部的）。希腊独立战争逐渐扩大，直至1919年第一次世界大战结束时，奥斯曼帝国分崩离析，而希腊在欧洲的边界几乎抵达伊斯坦布尔（君士坦丁堡）以及爱琴海和黑海之间的水域，并在小亚细亚西部获得以伊兹密尔（士麦那）为中心的大片飞地。可是，1922年希腊败给土耳其，大量人口迁徙，现在土耳其在欧洲有一块稍大的领地，而希腊在小亚细亚没有领地，只有靠近其海岸的所有爱琴海岛屿。伊斯坦布尔是君士坦丁堡现在的名字，但经过雅典机场的游客会看到"君士坦丁堡"仍然是那座城市的希腊名字。

词汇与名字及参考资料来源

拉丁字母表中没有广泛认可的希腊单词和名字表达方式。本书主要用拉丁语形式表示罗马字形式的单词和名字（如：ae、–us、c），也不排除直接音译斜体形式的单词和名字（如：ai、–os、k）。就像英语常见的那样，发音中的一个重要规则就是辅音后的"e"不修饰该辅音前的元音，但一般属于新音节（因此"time"，"honour"等词就有两个音节）。

在引用文学文本时，我使用了以下缩写：

Arist.	Aristotle	Joseph.	Joseph.
Pol.	*Politics*	*A.J.*	*Antiquities of the*
Ath.	Athenaeus		*Jews*
Ath. Pol.	*Athenaion Politeia*	Lys.	Lysias
	(the *Athenian*	Paus.	Pausanias
	Constitution	Pind.	Pindar
	written in	*Pyth.*	*Pythians*
	Aristotle's school)	Pl.	Plato
Diod. Sic.	Diodorus Siculus	*Resp.*	*Respublica*
Hdt.	Herodotus		(i.e. *Republic*)
Hom.	Homer	Plaut.	Plautus
Il.	*Iliad*	*Mostell*	*Mostellaria*
Hor.	Horace	Plut.	Plutarch
Epist.	*Epistles*	*Demetr*	*Demetrius*
Isoc.	Isocrates	*Lyc.*	*Lycurgus*
Per.	*Pericles*	Thuc.	Thucydides
Pyrrh.	*Pyrrhus*	Xen.	Xenophon
Polyb.	Polybius	*Hell.*	*Hellenica*
Tac.	Tacitus		
Ann.	*Annals*		

　　文中引用文本的译本洛布古典丛书（哈佛大学出版社）都有，包括希腊和拉丁原文文本，以及其他系列的译本，如牛津世界经典和企鹅经典。[对于普鲁塔克的《希腊罗马名人传》，我将章分为几节，类似希腊的比德（Bude）和特布内（Teubner）版本：洛布（Loeb）版本的章下面节数较小，字数更多。]

　　希腊罗马史料集（剑桥大学出版社）中引用的铭文等文本以编辑名字体现：

　　Ⅰ. C. W. Fornara，《希腊古风时代至伯罗奔尼撒战争末》（1983，第二版）。

　　Ⅱ. P. E. Harding，《从伯罗奔尼撒战争末至伊普苏斯战争》（1985）。

　　Ⅲ. S. M. Burstein，《从伊普苏斯战争至克利奥帕特拉七世之死的希腊化时代》（1985）。

　　Ⅳ. R. K. Sherk，《至奥古斯都统治时期的罗马与希腊西部》（1984）。

　　此外还有：

　　M. M. Austin，《从亚历山大到罗马征服的希腊化世界：古文本译作选》（剑桥大学出版社，2006年第二版；与1981年的第一版有数量差异）。

拓展阅读

Other recent short histories of Ancient Greece are P. Cartledge, *Ancient Greece: A Very Short Introduction* (Oxford University Press, 2011), which picks 11 cities as characteristic of Greece at 11 different times, and was originally published as *Ancient Greece: A History in Eleven Cities* (Oxford University Press, 2009); and R. Osborne, *Greek History* (Routledge, 2004). A longer single-volume history is V. Parker, A *History of Greece: 1300-30 BC* (see next paragraph). Limited to the Classical period, and focusing on a series of topics treated by different authors, is R. Osborne(ed.), *Classical Greece Short Oxford History of Europe.* (Oxford University Press, 2000). Another topic-centred book, in which the topics are interrupted by a historical outline outside the sequence of numbered chapters, is P. Cartledge(ed.), *The Cambridge Illustrated History of Ancient Greece* (Cambridge University Press, 1998; corrected 2002).

For those who would like a more detailed treatment,there are three multi-volume series on the ancient world as a whole which include volumes on the Greeks. *The Fontana History of the Ancient World* (now London: Fontana Press) includes O. Murray, *Early Greece* (1980; 2nd edition 1993); J. K. Davies, *Democracy and Classical Greece* (1978; 2nd edition 1993); F. W. Walbank, *The Hellenistic World* (1981; 2nd edition 1993). *The Routledge* (originally Methuen) *History of the Ancient World* (Routledge) includes R. Osborne, *Greece in the Making, 1200-479 BC* (1996; 2nd edition 2009); S. Hornblower, *The Greek World, 479-323 BC* (1983; 4th edition 2011); G. Shipley, *The Greek World after Alexander, 323-30 BC* (2000). *The Blackwell History of the Ancient World* (now Chichester: Wiley-Blackwell) includes J. M. Hall, A *History of the Archaic Greek World, ca. 1200-479 BCE* (2007; 2nd edition 2013); P. J.

Rhodes, A *History of the Classical Greek World, 478-323 BC* (2005; 2nd edition 2010); R. M. Errington, A *History of the Hellenistic World, 323-30 BC* (2008); and also a summary volume, V. Parker, A *History of Greece, 1300-30 BC* (2014). Those who wish to pursue particular topics will find further bibliographical guidance in these.

The most authoritative single-volume encyclopaedia of the Graeco-Roman world is S. Hornblower and A. J. S. Spawforth with E. Eidinow(eds), *The Oxford Classical Dictionary* (Oxford University Press, 4th edition 2012). The largest and most authoritative atlas of the Graeco-Roman world, austerely limited to topographical maps of larger or smaller regions, is R. J. A. Talbert (ed.), *Barrington Atlas of the Greek and Roman World* (Princeton University Press, 2000); smaller, but including maps focused on themes, battles or particular periods, is N. G. L. Hammond (ed.), *Atlas of the Greek and Roman World in Antiquity* (Park Ridge,New Jersey: Noyes, 1981).

注 释

导言
1 E.g. Thuc. I. 1–21.
2 E.g. Arist. *Pol.* VII. 1327 b 20–33.
3 See p. 32.
4 Hdt. VIII. 144. ii.
5 See p. 15.

第 1 章
1 Cf. p. 66.
2 Thuc. II. 2. i dates the beginning of the Peloponnesian War in the systems of three cities.
3 Thuc. I. 89 – 118. ii.
4 Thuc. I. 1–21, 23. i.
5 Cf. p. 74.
6 Cf. p. 34.
7 Cf. pp. 36–7, 122, 124.
8 Cf. p. 33.
9 Cf. p. 40.
10 Cf. p. 32.
11 The expansion of Athens into Attica was probably a large–scale instance of this: cf. p. 38.
12 Such as those who were judged ineligible to share in Sparta's conquered land: cf. p. 33.
13 Hdt. IV. 152.
14 Cf. p. 6.
15 Fornara 24.
16 Cf. p. 33.
17 E.g. the story of the founding of Cyrene in Hdt. IV. 150–8.
18 Thuc. I. 13. i.
19 Cf. the laments of the poet Theognis of Megara, 53–68, 183–92.
20 Arist. *Pol.* IV. 1297 b 16–24.
21 Hdt. V. 68.
22 Cf. p. 6.
23 Fornara 11.

24 Cf. pp. 29–30.
25 Cf. p. 33.
26 Cf. p. 118.
27 Thuc. I. 13. ii–iii.
28 Cf. the Jewish Moses: *Exodus* i. 7 – ii. 10.
29 Cf. p. 39.
30 Cf. p. 10.
31 Hdt. V. 68.
32 Cf. p. 29.
33 Cf. pp. 44–6.
34 Cf. p. 36.
35 Hdt. III. 125. ii; for Syracuse see pp. 58, 82–3.
36 Cf. p. 36.
37 Thuc. I. 18. i.
38 Cf. pp. 37, 47.
39 Cf. pp 74–5.
40 Cf. pp. 5–6.
41 See pp. 42, 67, 122.
42 Fornara 140: cf. Chapter 5 n. 16.

第 2 章

1 Cf. Thuc. I. 10. ii.
2 Cf. p. 18.
3 Plut. *Lyc.* 6.
4 Cf. p. 128.
5 Fornara 39. B; cf. p. 25.
6 Cf. p. 52.
7 Cf. p. 52.
8 Cf. p. 26.
9 Cf. p. 26.
10 Cf. pp. 44, 46–7.
11 Cf. pp. 47, 54.
12 Cf. p. 56.
13 Hdt. V. 42. i, 48.
14 Cf. p. 59–60.
15 Solon fr. 4a (West) *ap. Ath. Pol.* 5. ii.
16 Cf. p. 118.
17 Cf. p. 25.
18 Cf. p. 87.

19　Solon frs. 5–6 (West) *ap. Ath. Pol.* 12. i–ii.
20　Solon frs. 34, 36, 37 (West) *ap. Ath. Pol.* 12. iii–v.
21　Cf. p. 30–1.
22　Cf. p. 25.
23　Cf. p. 25.
24　Cf. p. 26.
25　Cf. p. 36–7.
26　Thuc. I. 20. ii, VI. 54–8.
27　Cf. pp. 33 (Sparta), 25 (Corinth) .
28　Cf. p. 13.
29　*Ath. Pol.* 21. ii.
30　Cf. pp. 73–4.
31　Cf. p. 37.
32　Cf. p. 38.
33　Cf. pp. 37, 54–5.
34　Cf. p. 37.
35　*Ath. Pol.* 22. vi.

第 3 章

1　Cf. p. 10.
2　Cf. p. 53.
3　The word 'tyrant' was probably applied to him before it was taken over by the Greeks: cf. p. 21.
4　Cf. p. 6.
5　Cf. p. 36.
6　Hdt. III. 80–3 cf. VI. 43. iii.
7　E.g. A. Kuhrt, *The Persian Empire* (London: Routledge, 2007) , i. 141–57 = Chapter 5 no. 1.
8　Bisitun (n. 7) § 70.
9　Cf. p. 26.
10　Bisitun (n. 7) § § 74–5.
11　Cf. p. 43.
12　Hdt. IV. 98, 133, 136. iii – 142.
13　Hdt. III. 129–38.
14　Cf. pp. 37, 47.
15　Cf. p. 47.
16　Cf. pp. 37, 47.
17　Cf. p. 41.
18　Cf. p. 47.

19 Cf. p. 48.
20 Cf. pp. 67–9, 73–4.
21 Cf. p. 48: the ostensible purpose was to get the better of Aegina.
22 Cf. p. 79.
23 Cf. p. 83.
24 Cf. pp. 80–1.
25 Cf. p. 61.
26 Aesch. *Pers.* 353–471.
27 Cf. p. 48.
28 Cf. p. 48.
29 Hdt. VII. 139.

第 4 章

1 Thuc. I. 89 – 118. ii; on the causes of the Peloponnesian War see pp. 85–8.
2 On Thuc., Diodorus and Plut. cf. pp. 10–1.
3 Cf. p. 9.
4 Athens did not distinguish between the two until the fourth century: cf. p. 131.
5 Cf. p. 62.
6 Cf. p. 79.
7 Cf. p. 55.
8 Cf. pp. 42–3.
9 Cf. p. 30.
10 Cf. p. 48.
11 Cf. pp. 47–8, 54, 56–7.
12 Cf. p. 73.
13 Cf. pp. 37, 47.
14 Evidence translated Fornara 95.
15 Cf. pp. 122–3.
16 For the Eleusinian mysteries cf. p. 31.
17 Plut. *Per.* 17.
18 Plut. *Per-.* 12–14.
19 Cf. p. 84.
20 Fornara 97.
21 Fornara 128. 34–41.
22 Allied resentment: e.g. Thuc. I. 75.
23 Cf. pp. 44–6.
24 Cf. pp. 47, 48.
25 Cf. p. 67.
26 Cf. p. 79.

27   Cf. p. 68.
28   Cf. pp. 68, 79–80.
29   Cf. p. 39.
30   Cf. p. 48.
31   Cf. those appointed by Pisistratus: p. 42.
32   For assembly pay see p. 131.
33   Cf. p. 76.
34   Cf. pp. 59–61.
35   Cf. p. 67.
36   Cf. p. 69.
37   For Sparta see pp. 33–4.
38   Cf. p. 45.
39   Cf. p. 40.
40   Cf. p. 45.
41   Cf. p. 155.
42   For Per. as a *choregos* for tragedies by Aeschylus cf. p. 74.
43   Cf. p. 41.
44   Cf. p. 73.
45   Thuc. II. 65. ix.
46   Cf. pp. 32–8.
47   Cf. pp. 55–62.
48   Cf. p. 66.
49   Cf. pp. 36–8.
50   Cf. p. 58.
51   Cf. p. 37.
52   Cf. pp. 11–2.
53   Cf. p. 73.
54   Cf. p. 68.
55   Cf. p. 129.
56   Cf. p. 68.
57   Cf. p. 68.
58   Cf. p. 69.
59   Cf. p. 71.
60   Cf. p. 72.
61   Hom. *Il.* II. 649.
62   Cf. pp. 33–5.
63   Extracts Fornara 88.
64   Hdt. VII. 169–71.
65   Fornara 89.

66 Cf. p. 15.
67 Pind. *Pyth.* ix.
68 Pind. *Pyth.* iv, v.
69 Cf. p. 68.
70 Cf. pp. 94–6.
71 Cf. p. 80.
72 Cf. pp. 16–18.
73 Cf. p. 58.
74 On these cf. p. 18.
75 Cf. p. 71.
76 Cf. p. 97.
77 Cf. p. 18

第 5 章
1 Cf. p. 97.
2 Cf. pp. 10–1, 65–6.
3 Thuc. I. 23. iv–vi with the remainder of book I; for the *pentekontaetia* cf. p. 65.
4 Cf. p. 18.
5 On the Thirty Years' Peace cf. p. 71.
6 Thuc. I. 24–55.
7 Thuc. I. 56–66.
8 Cf. p. 68.
9 Cf. pp. 68, 71.
10 Cf. Thuc. I. 67–88.
11 Thuc. I. 118. iii – 146; for the curse cf. p. 39.
12 Cf. pp. 36–7.
13 Thuc. II. 2–6.
14 Thuc. I. 44. ii.
15 Fornara 119.
16 Fornara 124–5; cf. p. 84.
17 Cf. p. 68.
18 Cf. p. 76.
19 Extracts Fornara 136.
20 Cf. p. 96.
21 Cf. p. 87.
22 Cf. p. 80.
23 Cf. p. 100.
24 Cf. p. 80.
25 Cf. p. 86.

26 Cf. pp. 19, 71.

27 Cf. pp. 125, 139.

28 Cf. p. 71; he was recalled from exile in 427–426.

29 Cf. pp. 80, 91.

30 Cf. pp. 100–3.

31 Cf. p. 69.

32 Thuc. V. 84–116.

33 Cf. p. 221 with n. 19.

34 Fornara 132; but a second fragment has been added since that collection was published.

35 Cf. p. 72.

36 Thuc. V. 83. ii.

37 For Sicily in the 420s see p. 90.

38 Cf. p. 101.

39 Cf. pp. 90–1.

40 Cf. p. 128.

41 Cf. pp. 101–2.

42 Cf. p. 102.

43 Cf. p. 85.

44 Cf. pp. 103–4.

45 Cf. p. 102.

46 Cf. pp. 95, 101.

47 For the political repercussions of that see p. 103.

48 Cf. p. 102.

49 Cf. p. 88.

50 Thuc. II. 65; cf. pp. 77–8.

51 He may have been responsible for Thuc.' exile: p. 91.

52 Cf. p. 90.

53 Thuc. IV. 27–8.

54 Cf. p. 92.

55 Cf. p. 93.

56 Cf. p. 95.

57 Cf. p. 95.

58 Cf. p. 96.

59 Cf. p. 96.

60 Probably a different man from Antiphon the sophist, for whom see p. 112.

61 Cf. p. 97.

62 Cf. pp. 97–8.

63 Cf. p. 98.

64 Cf. p. 98.

65 Cf. p. 130.

第 6 章

1 Cf. pp. 34–5.

2 Cf. p. 74.

3 Cf. pp. 32–3.

4 Cf. p. 40.

5 Cf. p. 45.

6 Cf. p. 87.

7 Cf. pp. 5–6, 28.

8 Asclepius, *Inscriptiones Graecae* ii^2 4960; Bendis, Pl. *Resp.* I. 327 A–328 A.

9 Cf. p. 31.

10 Cf. p. 3.

11 Cf. pp. 10–1.

12 Cf. pp. 85, 97, 120, 127; he wrote on many other topics too, including *Ways and Means,* p. 154.

13 Cf. p. 11.

14 Cf. p. 77.

15 Cf. p. 99.

16 For the orator see pp. 102, 110.

17 Cf. p. 130.

18 Cf. pp. 136–7, 158.

19 Cf. pp. 21–7.

20 Cf. p. 74.

21 Cf. p. 70.

22 Cf. p. 153.

23 Cf. pp. 86, 141.

第 7 章

1 On Xen. cf. p. 85; on Diodorus and Plut. p. 11.

2 For the Thirty see p. 130.

3 Cf. pp. 96–7.

4 Cf. p. 128.

5 Cf. p. 98.

6 Cf. p. 67.

7 Cf. pp. 36–7.

8 Cf. p. 130.

9 Harding 31.

10　Isoc. IV. *Panegyric* 117–20: cf. p. 69.

11　Cf. p. 79.

12　Harding 35.

13　Cf. pp. 69–70.

14　Cf. pp. 126–7.

15　Cf. p. 127.

16　Cf. p. 134.

17　Harding 53. 35–end.

18　Cf. pp. 69–70.

19　Cf. p. 91.

20　Cf. p. 123.

21　Harding 35. 12–5 contr. 9–12.

22　Xen. *Hell.* VII. v. 26–7.

23　Cf. p. 154.

24　Cf. p. 124.

25　Cf. p. 153.

26　Cf. pp. 98–9.

27　Cf. p. 130.

28　Cf. p. 96.

29　Cf. p. 121.

30　Cf. p. 121.

31　Cf. p. 73.

32　Cf. pp. 79–80.

33　Cf. p. 104.

34　Cf. p. 112.

35　Cf. pp. 73–4.

36　Cf. p. 74.

37　Cf. p. 74.

38　Cf. p. 40.

39　Cf. p. 73.

40　Cf. p. 75.

41　Cf. p. 155.

42　Cf. p. 100.

43　Cf. p. 127.

44　Cf. p. 112.

45　Cf. p. 76.

46　Lys. XXVI. *Evandrus* is a speech against Evandrus.

47　Cf. pp. 94–6.

48　Cf. p. 83.

49 Cf. pp. 201–2.

50 For triremes see pp. 23–4.

51 Cf. pp. 82–3.

第 8 章

1 Thuc. IV. 124. i, 125. i.

2 Cf. p. 59.

3 Cf. pp. 86, 91.

4 Cf. p. 94.

5 Cf. p. 125.

6 For Diodorus cf. pp. 11, 65, 85, 120, 135. Justin I–VI, on earlier Greek and Persian history, adds little to what we have in other sources.

7 Cf. pp. 123, 126.

8 Cf. p. 126.

9 On Mausolus cf. p. 153.

10 Cf. p. 29.

11 Cf. p. 156.

12 On Persia and Egypt cf. p. 154.

13 Cf. p. 151.

14 Cf. p. 154.

15 Cf. pp. 167, 179.

16 Cf. p. 142.

17 Cf. p. 149.

18 Cf. p. 99.

19 Cf. pp. 139–40, 144–5.

20 Cf. pp. 168–9.

21 Cf. p. 149.

22 Cf. p. 165.

23 Plaut. *Mostell.* 775.

24 Cf. pp. 113–4.

25 Cf. pp. 127–9.

26 Cf. p. 147.

27 Cf. pp. 122–3.

28 Cf. p. 76.

29 Cf. p. 136.

30 Cf. pp. 130–1.

31 Cf. p. 76.

32 Cf. pp. 39, 73.

33 Harding 101.

34   Cf. pp. 123, 125–6.
35   Cf. p. 137.
36   Cf. p. 137.

第 9 章

1   Cf. pp. 11, 65–6, 85, 120, 135, 139, 147, 157.
2   Cf. pp. 139, 147.
3   Cf. p. 11.
4   Cf. p. 11.
5   Cf. pp. 109–10, 182–3.
6   Cf. p. 145.
7   Cf. pp. 147–8, 154.
8   Cf. p. 148.
9   For Ptolemy cf. p. 147.
10   Diod. Sic. XVIII. 4. i–vi.
11   Cf. pp. 149, 157.
12   Cf. p. 156.
13   On Athens in this period cf. pp. 172–4.
14   Cf. pp. 144–6.
15   For Ptolemy's new, mildly oligarchic, constitution for Cyrene see Harding 126 = Austin[2] 29.
16   Diod. Sic. XVIII. 55–6.
17   Cf. p. 139.
18   Cf. for Philippi pp. 139–40, for Alexandrias pp. 148, 150.
19   Cf. p. 147.
20   Harding 132.
21   Cf. p. 164.
22   Cf. p. 182.
23   Cf. pp. 152–3.
24   Austin[2] 39.
25   Diod. Sic. XX. 46. ii, Plut. **Demetr.** 10. iii–vi, cf. Harding 137 and the hymn of 291, Ath. VI. 253 b–f (Burstein 7 = Austin[2] 43) .
26   Diod. Sic. XX. 100. iii—iv.
27   Harding 136.
28   Burstein 92 = Austin[2] 256.
29   The Mendes *stele*: translation in S. Birch (ed.) , ***Records of the Past,*** viii (London: Bagster for Society for Biblical Archaeology, 1876) , 91—102, accessible online at www.reshafim.org.il/ad/egypt/texts/great_ mendes_stela.htm; (verified 9 July 2014) and for the cult of Arsinoe as assimilated to Aphrodite cf. Burstein 93 =

Austin[2] 295, Burstein 94 cf. Austin[2] 296.

30　Alexandria, ***Elephantine-Papyri*** 2 (not in Burstein or Austin[2]); Egyptian temples, e.g. the Rosetta Stone, Burstein 103 = Austin[2] 283.

31　First attested for Smyrna in 195: Tac. ***Ann.*** IV. 56.

32　Harding 138; on Philip's League of Corinth cf. p. 145; on Delos and the Islanders cf. Harding 136, and on its liberation from Athens p. 174.

33　On Pyrrhus cf. pp. 175—6.

34　After the end of Diodorus' surviving text the assignment of Athenian archons to years has been problematic: difficulties are being resolved; I give what appear at the time of writing to be the correct dates, but further evidence may yet require some further changes.

35　Cf. pp. 156, 165.

36　Cf. p. 157.

37　For the 'traditional constitution' cf. p. 130.

38　Cf. pp. 76, 155.

39　For ***epheboi*** cf. p. 157.

40　***Inscriptiones Graecae*** ii[2] 457; version quoted in [Plut.] Ten Orators 851 f — 852 e: cf. pp. 155—7. (Ten Orators is included in Vol. X of the Loeb edition of Plutarch's. Moralia.)

41　Quoted in [Plut.] ***Ten Orators*** 850 F—851 c (date 847 D, where Gorgias is a corruption of Ourias).

42　Quoted in [Plut.] ***Ten Orators*** 851 D—F.

43　Burstein 11 = Austin[2] 54.

44　Burstein 55 = Austin[2] 55.

45　Cf. pp. 190, 194.

46　***Inscriptiones Graecae*** ii[2] 682: part translated by M. J. Osborne, ***Athens in the Third Century*** B.C. (Athens: Greek Epigraphic Society, 2012) , 168—70. Various passages were erased when traces of the Antigonids were obliterated in 200: cf. p. 195.

47　Cf. pp. 67, 121—2.

48　Cf. p. 122.

49　Cf. pp. 195, 199.

50　Cf. p. 144.

51　There is a ***Life*** of him by Plut..

52　On Agathocles cf. pp. 176–8.

53　'If we win another battle against the Romans, we shall be totally ruined' (Plut. ***Pyrrh..*** 21. xiv) .

54　Cf. p. 178.

55　Plut. ***Pyrrh..*** 26. ii.

56　Cf. p. 158.

57　Diod. Sic. XIX. 2–9. Diodorus' account is derived from Timaeus, who was exiled by Agathocles and strongly hostile to him (cf. XXI. 17. i–iii) .

58　Dates from an inscribed chronological table, the Parian Marble, B. 12, 14: Harding 1. A = Austin^2 1.

第 10 章

1　Cf. p. 145.

2　Austin^2 65.

3　Burstein 72.

4　Most clearly shown by Antiochus III and Smyrna: Livy XXXIII. 38. vi.

5　Cf. pp. 11–2. The terms *isopoliteia* and *sympoliteia* are not used as systematically in ancient texts as by modern scholars.

6　Cf. chapter 12, esp. pp. 189–90.

7　Cf. the fifth–century Athenian cleruchs, pp. 69–70.

8　E.g. Austin^2 319, extracts Burstein 101; Austin^2 315.

9　Cf. p. 167.

10　Cf. pp. 198, 200.

11　E.g. Burstein 21 = Austin^2 164.

12　For the Archaic and Classical periods see chapter 7.

13　Cf. pp. 168–9.

14　Cf. p. 168.

15　*Letter of Aristeas,* translated in R. H. Charles, *The Apocrypha and Pseudepigrapha of the Old Testament* (Oxford U. P., 1913) , ii. 83–122; cf. Jos. *A.J.* XII. 11–118.

16　Cf. pp. 10, 109.

17　Cf. pp. 164, 183, 205.

18　Cf. pp. 136, 144, 150.

19　Cf. p. 5.

20　Thuc. II. 28.

21　The Anticythera Mechanism, found in an ancient shipwreck and now displayed in the National Archaeological Museum in Athens, was an elaborate device which enabled various astronomical calculations to be made.

22　Cf. pp. 171, 189, 196.

23　Cf. p. 168.

第 11 章

1　Thuc. III. 94. iv–v; cf. for 322 Diod. Sic. XVIII. 24. ii.

2　Harding 54.

3　Cf. p. 165.

4　Cf. p. 180.

5　Paus. X. 20. ix.

6　Cf. p. 190.

7　Cf. p. 171.

8　Austin[2] 60.

9　Hdt. I. 145.

10　Xen. *Hell.* IV. vi. 1.

11　Polyb. II. 41–43. iii.

12　Cf. pp. 190–1.

13　Cf. pp. 171, 176.

14　A short account Paus. III. 6. iv–vi; Chremonides' decree Burstein 56 = Austin[2] 61, cf. a decree honouring Chremonides' brother, Austin[2] 63; Athens' capitulation Apollodorus (Burstein 58). For Athens after the war see p. 194.

15　Cf. p. 129.

16　Cf. pp. 34–5.

17　Cf. p. 202.

18　Cf. pp. 194–5.

19　On the Macedonian phalanx cf. p. 139.

20　Polyb. V. 104. x.

21　Cf. pp. 201–6. Polyb.' original plan had been to start his history with the Social War: I. 3. i–vi.

22　Cf. p. 190 with p. 228 n. 14.

23　Burstein 58.

24　A general, Burstein 61; Demetr., Ath. IV. 167 f (*thesmothetes,* ' statute–setter' , was normally the title of six of the nine archons) .

25　'Freedom' with dates, two versions of the *Chronicle* of world history by the Christian bishop Eusebius (not in Burstein or Austin[2]) ; Museum garrison, Paus. III. 6. vi.

26　Cf. pp. 190–2.

27　Polyb.' comment, V. 106. vi–viii; decree for Euryclides, Burstein 67=Austin[2] 74.

28　For the wider context from 212 to 146 see pp. 203–6.

29　Livy XXIX. 12. xiv.

30　*Inscriptiones Graecae* ii[2] 682, the decree honouring Phaedrus in 259/8 (p. 174: with p. 226 n. 44) , is a conspicuous instance.

31　Thessalians, Austin[2] 88; Athenians, *Inscriptiones Graecae* ii[3] 1288 (not in Burstein or Austin[2]) .

32　Cf. pp. 67, 121–2, 174.

33　Cf. p. 126.

34　Cf. pp. 168–9.

35　Cf. Polyb. V. 34.

36　Reported in a papyrus text, Burstein 98 = Austin^2 266.

37　Burstein 99 = Austin^2 268.

38　Cf. Burstein 85 = Austin^2 231, from the monument which perhaps included the Pergamene statues of dying Gauls (cf. p. 186) .

39　Cf. p. 187.

40　Cf. Austin^2 276.

41　Cf. p. 204.

42　For the altar of Zeus at Pergamum cf. p. 186.

43　Cf. pp. 169, 174.

44　Burstein 103 = Austin^2 283.

45　Polyb. XXIX. 27. i–vii.

46　Joseph. *A.J.* XII. 138–46. The main sources for what follows are I *Maccabees* and II *Maccabees* in the Old Testament Apocrypha, and *Daniel* in the Old Testament; *A.J.* XII is mostly derived from I *Macc.* but has some additional material.

47　Cf. p. 198.

48　Cf. pp. 175–6.

49　Cf. p. 178.

50　On Gelon cf. p. 82–3; on Dionysius I cf. pp. 135–7.

51　Cf. p. 192.

52　Cf. p. 193.

53　Cf. p. 193.

54　Polyb. VII. 9.

55　Cf. Sherk 2 = Austin^2 77. B.

56　Livy XXIX. 12. viii–xvi (for the false addition of Athens to the Roman side see p. 195) .

57　Cf. p. 37.

58　Title of king used on bricks, *Inscriptiones Graecae* v. i 885.

59　Cf. pp. 191–3.

60　Polyb. XVIII. 46. v.

61　Cf. p. 199.

第 12 章

1　Burstein 104 = Austin^2 289; for Ptolemies VI and VIII cf. pp. 200–1.

2　Cf. Sherk 55. A (B) . 8–9, B. 38–40.

3　Hor. *Epist.* II. i. 156–7.